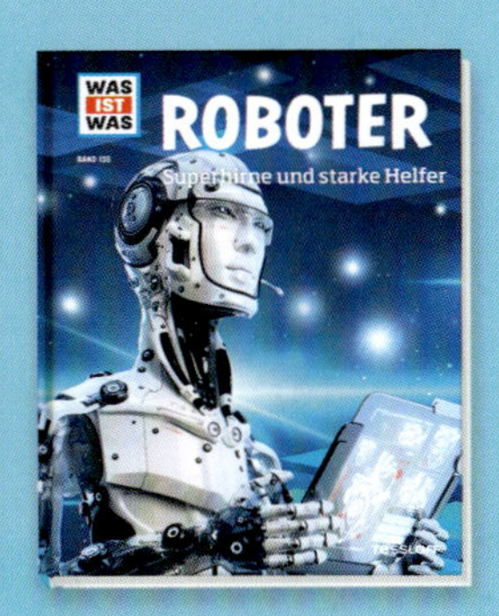

Die Reihe wird fortgesetzt.

WAS IST WAS

Christine Paxmann

DIE SIEBEN WELTWUNDER

Schätze der Antike

TESSLOFF

Hier siehst du, wo du bist!

Wo ist was?

Seite 6

Wo befanden sich die sieben Weltwunder, wie zum Beispiel die mächtige Zeus-Statue?

Seite 12

Riesengroß, steinalt und geheimnisvoll: die Cheops-Pyramide.

Seite 21

Gab es die Hängenden Gärten wirklich?

Die mit ▶ markierten Seiten könnten dich besonders interessieren!

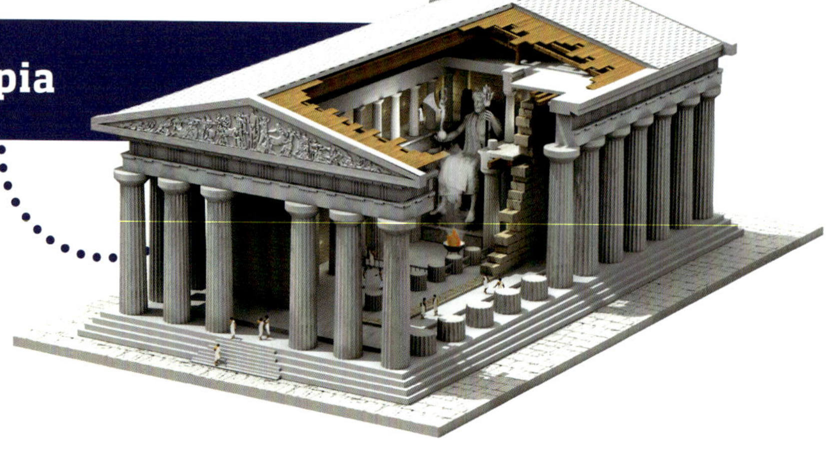

Seite 24

Ein Tempel für eine Statue: Wie kam die Riesenstatue des Zeus in den Tempel?

Seite **28**

Die Säckchen um den Hals der Artemis-Statue gaben Forschern lange Zeit Rätsel auf.

Seite **33**

Das Grabmal des Mausolos gab allen späteren Grabmälern seinen Namen.

Seite **36**

Sah der Koloss von Rhodos wirklich so wie auf diesem Bild aus?

Seite **40**

Eine Meisterleistung der Baukunst: der Leuchtturm von Alexandria.

Das Taj Mahal in Indien: eines der vielen neuen Weltwunder.

Seite **44**

Hier findest du die wichtigsten Begriffe kurz erklärt.

Khaled erklärt die Pyramiden

Natürlich bin ich kein ausgebildeter Reiseleiter. Wie auch? Ich heiße Khaled und bin erst zwölf Jahre alt, aber schon so etwas wie der Ernährer in unserer Familie. Na ja, also nicht ganz und nicht immer. Mein Baba, das heißt Papa auf Arabisch, ist richtiger Fremdenführer, mit Zertifikat; außerdem spricht er fast fünf Sprachen. Wenn er den Touristen die Pyramiden von Giseh, also Cheops, Cephren und Mykerinos zeigt, kann er fast zu jedem Stein, der verbaut wurde, etwas sagen. Er weiß, wie glänzend weiß die Pyramiden einmal aussahen; allerdings ist das ein paar Tausend Jahre her. Damals hatte die Cheops-Pyramide auch noch eine goldene Spitze, die sie lange Zeit zum höchsten Bauwerk der Welt gemacht hat. Bis heute weiß niemand, was mit der goldenen Spitze passiert ist. Durch Baba sind wir, meine Geschwister und ich, von klein auf mit der ägyptischen

Giseh liegt etwa 20 km südlich von Kairo am Westufer des Nils in Ägypten.

Mein Bruder will spielen, aber ich muss los: Schließlich bin ich hier, um den Touristen die Pyramiden zu zeigen!

Geschichte aufgewachsen. Und wenn in den Winterferien schulfrei ist und viele Touristen, vor allem aus Europa, ihre Ferien bei uns verbringen, weil es angenehm warm ist, helfe ich meinem Vater und zeige Besuchern die Pyramiden.

Ein Tag bei den Pyramiden

Ich bin meist schon kurz vor neun Uhr bei den Kassen, wenn die ersten 150 Tickets ausgegeben werden. Meistens ist immer nur eine der Pyramiden zu besichtigen, denn das Gelände ist einfach zu groß, um alles zu sehen. Und mittags wird dann der nächste Schwung Karten, wiederum 150 Stück, verkauft. Mit fast 100 ägypti-

Giseh ist heute die drittgrößte Stadt Ägyptens. Das Giseh-Plateau mit den Pyramiden und der Sphinx lockt jährlich Tausende von Besuchern an.

Bereits im 19. Jahrhundert besuchten reiche europäische Touristen Giseh.

In der Nähe der Pyramiden fand man, im Sand vergraben, fünf Boote. Entweder waren sie als Grabbeigabe gedacht oder sie waren Transportboote, die nach dem Bau liegen geblieben waren. Heute ist eines der 4 500 Jahre alten Boote im Museum zu bewundern.

schen Pfund, das entspricht ungefähr 10 Euro, ist das ganz schön teuer. Meine Chance sind all jene Touristen, die nicht in einer Reisegruppe kommen. Ich erkenne das sofort: Sie stehen immer ein wenig ratlos vor den Ticketschaltern. Dann kommt mein Auftritt. Bitte schön, kleine Pyramidentour! Kostet noch einmal Eintritt für mich und am Ende, wenn alle zufrieden sind, erwarte ich ein ordentliches Trinkgeld. Ich weiß ziemlich viel über das Innere der Pyramiden. Manche Besucher muss man immer wieder davon abhalten, auf die Pyramiden zu kraxeln. Das ist hochgefährlich, weil die Steine nach 3500 Jahren Wüstenluft ziemlich bröselig sind. Die meisten Touristen sind aber ganz zufrieden, wenn ich ihnen die Ecken zeige, von denen aus sie die schönsten Fotos schießen können. In der Cheops-Pyramide selbst darf man nicht fotografieren. Meistens führe ich die Touristen an die rechte Vorderpfote der Sphinx, der haushohen Löwenstatue, die neben der Cephren-Pyramide aufragt.

Faszination Altertum

Die Leute, die es ganz genau wissen wollen, führe ich in das neue Museum, das in der Nähe der Pyramiden gebaut wurde. Darin stehen auch die Boote, die man aus dem Wüstensand gegraben hat. Ich bin ganz schön stolz darauf, in der Nähe des ältesten Weltwunders zu wohnen. Wenn ich groß bin, will ich Ägyptologie studieren; das ist die Wissenschaft von der alt-ägyptischen Hochkultur. Oder ich werde Archäologe, also Altertumsforscher, und versuche, den Pyramiden noch mehr Geheimnisse zu entlocken.

Wunder der Welt – Weltwunder

Was wir heute als die sieben Weltwunder bezeichnen, sind sieben Bauwerke, die zwischen 2500 und 200 vor Christus entstanden. Sie alle lagen in Ländern rund um das östliche Mittelmeer. Lagen? Ja, tatsächlich steht nur noch ein einziges der sieben Weltwunder; es ist gleichzeitig das älteste: die Cheops-Pyramide in Ägypten. Seit die Menschen sesshaft wurden, also vor rund 20 000 Jahren, wollten sie außergewöhnliche Bauwerke errichten. Damit kommen wir einer Eigenschaft, die alle sieben Weltwunder erfüllen, schon näher: Sie waren Ausnahmebauten.

In Indien werden die »sieben Kühe der höchsten Himmelsräume verehrt«.

Meisterleistungen der Baukunst

Sämtliche Weltwunder sind ohne jede Baumaschine erbaut worden, wie wir sie heute kennen. Allein mit Mechanik, Menschenkraft und Wasserkraft mussten die Materialien befördert und befestigt werden. Ungeheures Technikwissen war dazu notwendig. Also mussten jene Länder und Städte, die eines der sieben Weltwunder errichtet hatten, über großartige Künstler, Handwerker und Techniker verfügt haben. Nur hoch entwickelte Völker konnten so etwas fertigbringen. Wissenschaftler und Künstler mussten Hand in Hand arbeiten. Um die hochfliegenden Pläne zu verwirklichen, wurden Tausende von Arbeitern benötigt. Nur strenge und gut funktionierende Staatsformen waren in der Lage Großbauprojekte umzusetzen; schließlich mussten all die Arbeiter angeleitet, untergebracht, bezahlt und mit Nahrung versorgt werden. Und das verlangte ein hohes Maß an Organisation.

Die Weltwunder als Aushängeschild

Könige, Stadtregenten, Pharaonen – wer auch immer eines der Bauwerke errichten ließ, das im Nachhinein zum Weltwunder wurde, brauchte neben Menschen mit Köpfchen und Menschen mit Muskeln vor allem eines: Geld! Man ließ sich nicht lumpen – die teuersten Materialien waren gerade gut genug. Vielleicht lag auch darin die Faszination der Bauwerke: Sie waren entweder überirdisch schön oder überirdisch groß.

Bauen für Ruhm und Ewigkeit

Die Zeus-Statue von Olympia, der Artemis-Tempel oder der Koloss zu Rhodos, sie alle wurden zu Ehren einer Gottheit gebaut. So eine ehrenvolle Aufgabe spornte die Arbeiter an. Schon ein Sprichwort sagt: »Der Glaube versetzt Berge.«

Wieder andere Weltwunder, wie die Cheops-Pyramide und das Mausoleum von Halikarnassos, wurden erbaut, um das Andenken an ihre Auftraggeber unsterblich zu machen. Die Hängenden Gärten der Semiramis und der Leuchtturm von Alexandria sollten den ungeheuren technischen Fortschritt eines Herrschers bezeugen. Beide Bauwerke waren Meisterleistungen der Ingenieurskunst.

Die Menora, der siebenarmige Leuchter, ist ein wichtiges Symbol des Judentums.

Wissenswertes zur Zahl Sieben

7

Die Zahl Sieben war für Menschen immer schon geheimnisvoll. Als die Menschen noch viel stärker im Einklang mit der Natur lebten, hatte der Mondzyklus, vier mal sieben Tage, große Bedeutung. In fast allen Mythen ist daher die Sieben als besondere Zahl bekannt. Die Babylonier verehrten die Sieben. Gott schuf die Welt an sechs Tagen und am siebten ruhte er aus. In der Bibel wird von den sieben Plagen, den sieben fetten und sieben mageren Jahren erzählt. Für den Mathematiker Pythagoras war die Sieben die Summe aus Dreieck und Viereck und somit vollkommen. Die Stadt Rom wurde auf sieben Hügeln erbaut. Und im Märchen gibt es zum Beispiel die sieben Zwerge und den Wolf und die sieben Geißlein.

In der griechischen Mythologie gibt es die vielköpfige Hydra, die hier mit sieben Köpfen dargestellt ist.

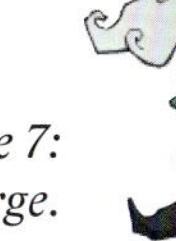

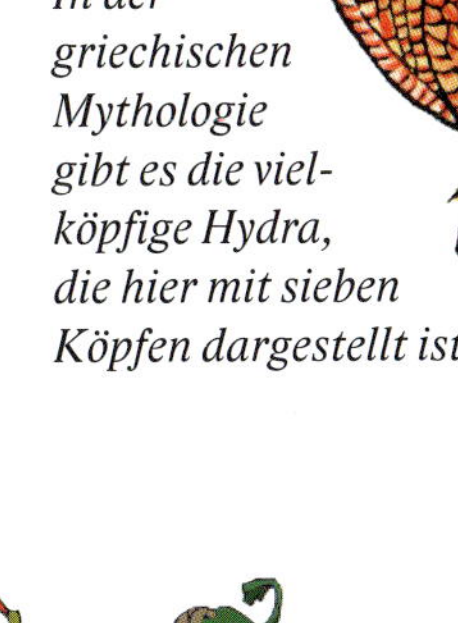

Märchenhafte 7: die sieben Zwerge.

Im Fluss der Zeit

Alte ägyptische Säulenmalerei, wie man sie oft in Tempeln dieser Zeit findet.

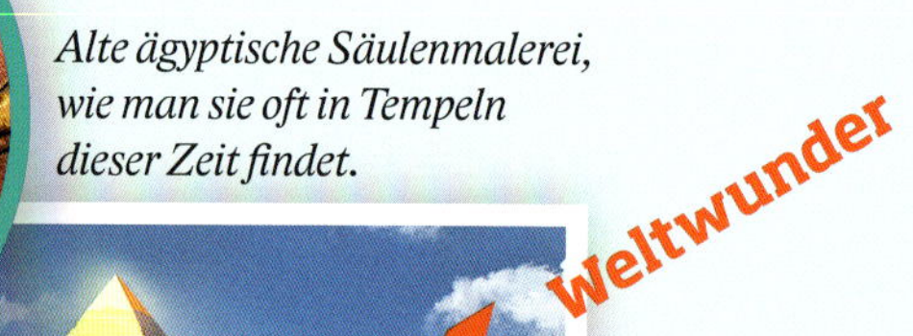

Cheops-Pyramide

Die Pyramide war ursprünglich mit weißem Kalkstein verkleidet und hatte vermutlich eine goldene Spitze. Das Grabmal für Pharao Cheops ist das einzige Weltwunder, das noch erhalten ist.

Hängende Gärten der Semiramis

Die Hängenden Gärten sind das Weltwunder, über das es am wenigsten gesicherte Erkenntnisse gibt. Trotzdem – oder gerade deshalb hat es seit der Antike die Fantasie der Menschen beflügelt und es gibt unzählig verschiedene Darstellungen der Gärten.

ca. 2540

ca. 600

ca. 2500

ca. 1260

ca. 437

Stonehenge

Der Steinkreis von Stonehenge liegt in Südengland, 13 km nordwestlich von Salisbury. Die großen, oft unbehauenen Steinblöcke heißen Megalithe. Die Grabanlage wurde für Bestattungen verwendet und diente vermutlich auch für die Beobachtung des Laufes von Sonne und Mond. Seit 1986 gehört Stonehenge zum Weltkulturerbe.

Abu Simbel

Riesige Statuen von Ramses II bewachen den Eingang zum Tempel Abu Simbel. Die gesamte Tempelanlage wurde in den 1960er Jahren an einer neuen Stelle aufgebaut, da sie im Wasser zu versinken drohte.

Zeus-Statue

Die Zeus-Statue in Olympia unterschied sich deutlich von allen bis dahin geschaffenen Abbildungen des Zeus. Er wurde nicht als Blitzschleuderer, sondern als gütiger Gott dargestellt.

Artemis-Tempel

Zu Ehren der Göttin Artemis wurde in Ephesos der prächtigste aller Artemis-Tempel errichtet. Der erste Tempel brannte 356 v. Chr. nieder und wurde nach dem Brand noch prächtiger aufgebaut, diesmal allerdings nur aus Stein.

Weltwunder

Weltwunder

Koloss von Rhodos

Als Dank für die Hilfe des Sonnengottes Helios errichteten die Rhoder den Koloss von Rhodos. Ob er über der Hafeneinfahrt von Rhodos stand oder doch in der Stadt, ist ungewiss.

Burj al Arab

Es ist eines der teuersten und luxuriösesten Hotels der Welt und steht in Dubai, Vereinigte Arabische Emirate. Mit 321 m Höhe ist es zugleich das vierthöchste Hotelgebäude. Seine Form ist dem Segel einer modernen Jacht nachempfunden. Das Burj al Arab ist das Wahrzeichen Dubais.

Kolosseum

Im Kolosseum in Rom wurden die berühmten Gladiatorenkämpfe ausgetragen. Bis zu 50 000 Besucher fanden darin Platz.

ca. 356 | ca. 280 | ◀ v. Chr. 0 n. Chr. ▶ | ca. 80 | 1999

ca. 350 | ca. 300 | ca. 537 | 1886

Weltwunder

Mausoleum von Halikarnassos

Das prachtvolle Grabmal des Königs Mausolos war das größte Grabmal der gesamten Antike. Gräber in Form eines Bauwerkes werden seitdem als Mausoleum bezeichnet. So wurde der Name des Königs unsterblich.

Weltwunder

Leuchtturm von Alexandria

Der erste Leuchtturm der Welt stand in Alexandria, einer Hafenstadt in Ägypten. Er wies den zahlreichen Schiffen den sicheren Weg in den Hafen – auch nachts. Mit seinem Leuchtfeuer war er im wahrsten Sinne des Wortes der erste »Leuchtturm«, den es gab.

Hagia Sofia

Die einstige Kirche ist heute ein Museum. Diese Innenansicht verdeutlicht ihre Größe: 80m lang und 70m breit. Die Kuppel ist 56m hoch.

Freiheitsstatue

Die Freiheitstatue von New York steht auf einer der Stadt vorgelagerten Insel, Ellis Island. Der Koloss von Rhodos diente als Vorbild für die Statue.

Hitlisten für Bauwerke

Große Bauwerke zu erschaffen, war früher eine technische und wissenschaftliche Meisterleistung. Monumentalbauten zu errichten, grenzte an ein Wunder. Also schien es nur logisch, die Bauten auch miteinander zu vergleichen. Am besten mit Listen. Diese Idee, eine Art von Hitliste für Bauwerke anzulegen, entstand durch einige reisefreudige Griechen. Das war rund 300 vor Christus, als das griechische Volk, allen voran die Athener, kulturell und wirtschaftlich ganz besonders erfolgreich war. Alle Gelehrten des Mittelmeerraums zog es nach Athen. Griechische Kolonien säumten die Mittelmeerküsten. Der Handel blühte und neben den Leistungen in Kunst und Wissenschaft waren die Griechen auch leidenschaftliche Baumeister. Kein Wunder, dass sie sich für Architektur interessierten. Und eben auch für die Bauten vergangener Zeiten. Damals waren die meisten der sieben Weltwunder auch noch gut erhalten.

Historische Abbildungen aus dem 19. Jahrhundert zeigen den Leuchtturm von Alexandria und die Zeus-Statue, so wie sich die Maler diese damals vorstellten.

Diese Statue des Herodot steht vor dem Parlamentsgebäude in Wien, Österreich.

Sensationen der Antike

In der Antike, also in der Zeit vor Christi Geburt, interessierten sich die Menschen ganz genauso für gigantische, außergewöhnliche Dinge wie wir heute. Die Griechen allerdings hatten noch eine Leidenschaft: Sie nahmen gerne an Wettbewerben teil. Ob Olympia, Theaterwettstreite, philosophische Debatten, Mathematikwettkämpfe oder Singspiele – die Griechen liebten Bestenlisten. Alles musste aufgeschrieben werden, möglichst von klugen Menschen, den Geschichtsschreibern. Die sollten nicht nur Jahreszahlen, Ereignisse und Berühmtheiten für die Nachwelt festhalten, sondern auch die Welt bereisen, um von ihr zu berichten. Sie waren die Journalisten der Antike.

Die Quellen der Listen

Herodot (490–424 vor Christus) gilt als Vater der Geschichtsschreibung. Er mischte selbst Erlebtes und mündlich Überliefertes zu unterhaltsamen Reiseführern, die von vielen Forschern nach ihm als eine Art Lexikon genutzt wurden. Wohl durch Herodot beeinflusst, entstand im zweiten Jahrhundert vor Christus eine Hitliste mit den größten Naturwundern, den besten Kunsthandwerkern und eben auch den tollsten Bauwerken, die wahrscheinlich Antipatros von Sidon verfasst hat. Auf dieser Liste

Auch die Akropolis, die über Athen thront, zählte einst zu den sieben Weltwundern.

Eines der ursprünglich 21 Bauwerke der Akropolis ist das Erechteion. Sein Dach wird von sechs überlebensgroßen Mädchenfiguren gestützt, den Karyatiden.

standen fast alle der heutigen sieben Weltwunder auch schon –bis auf den Leuchtturm von Alexandria, denn er war noch nicht erbaut. Philon von Byzanz, ein Zeitgenosse Antipatros', nennt zum ersten Mal die Zahl Sieben für die besten Bauwerke. Aber erst der römische Gelehrte Marcus Terentius Varro (116–27 vor Christus) brachte den Begriff »Weltwunder« auf!

Ein langer Wettstreit

Nach den ersten Listen sollte es noch weitere 1 400 Jahre dauern, bis sich die Menschheit einig war, was nun tatsächlich auf diese eine Hitliste durfte. Viele konkurrierende Listen existierten, bis zu 30 Bauwerke kämpften um einen Listenplatz. Erst im 15. Jahrhundert, in der Renaissance, entdeckte man viele antike Schriften wieder. 1482 wurde in Florenz die Liste der sieben Weltwunder so vorgestellt, wie wir sie heute kennen.

Schon gewusst?

Im Lauf der Jahrhunderte, bevor es die offizielle Liste der sieben Weltwunder gab, diskutierte man heftig darüber, was ein Weltwunder sei. Viele Bauwerke schafften es in die verschiedenen Listen, wie zum Beispiel die Akropolis in Athen, das Kapitol in Rom oder die Hagia Sophia in Istanbul.

Die beeindruckende Hagia Sophia in Istanbul, Türkei, ist heute ein Museum.

Und sie steht immer noch

Fast 1 000 Jahre lang bauten die Herrscher des alten Ägypten Pyramiden, etwa zwischen 2650 und 1600 vor Christus. Zu dieser Zeit entstanden im heutigen Europa gerade mal die ersten festen Siedlungen. Ägypten aber war schon damals eine Hochkultur. Religiöses und staatliches Oberhaupt war der Pharao. Die Ernten aus dem fruchtbaren Schwemmland des Nil ernährten nicht nur die Ägypter, sondern waren auch begehrte Handelsware. Somit war Ägypten äußerst wohlhabend; der Pharao sorgte dafür, dass es seinem Volk gut ging, und viele Pharaonen wurden sehr verehrt – bis über den Tod hinaus.

Ein Riesenfriedhof

Der Totenkult sah vor, dass ein verstorbener Pharao in einer tagelangen Totenfeier beigesetzt wurde. Und zwar nicht irgendwo, sondern in einem Bauwerk, das ihm würdig war: groß, schön und unübersehbar. Als König Cheops an die Macht kam, er regierte von circa 2620–2580 vor Christus, existierten bereits Stufenpyramiden seiner Vorfahren. Doch der ehrgeizige Cheops wollte ein Megabauwerk als Grabmal und beauftragte den Baumeister Hemiunu mit der Durchführung.

Diese circa 7,5 cm hohe Statuette ist die einzige erhaltene Darstellung des Königs Cheops.

Rekord

Die Cheops-Pyramide war ursprünglich, als sie noch eine Spitze besaß, vier Meter höher als das Straßburger Münster. Sie ist aber auch jetzt noch mit ungefähr

138 Metern

Höhe die größte Pyramide auf dem Plateau von Giseh.

Die Pharaonen, die nach Cheops lebten, Cephren und Mykerinos, ließen sich direkt neben dem großen Vorbild ebenfalls Pyramiden bauen, allerdings deutlich kleinere.

Die Stufenpyramide von Sakkara war die erste Vorläuferin der späteren großen Pyramiden. Sie wurde um 2650 vor Christus errichtet.

Rekordverdächtig

Da es im alten Ägypten jede Menge großartige Mathematiker, Schriftgelehrte, Astronomen und Baumeister gab, ließ Cheops ein Bauwerk planen, das alles übertreffen sollte. Für die Riesenbaumaßnahme musste aber erst ein geeignetes Fleckchen Land gefunden werden, denn die spätere Pyramide würde über 6 000 000 Tonnen wiegen. Sieben Kilometer westlich von Giseh, auf einer robusten Muschelkalkplatte, fand man den richtigen Platz. Hier sollte der Gigant entstehen.

Doch zuerst brauchte man ein festes, 230 mal 230 Meter großes Fundament. Allein diese Arbeit dauerte zehn Jahre und beschäftigte 4 000 Menschen.

Lohn der Mühe und viele Diebe

Am Ende ihrer 20-jährigen Bauzeit ragte die weiß glänzende Cheops-Pyramide aus der Wüste. Sämtliche Seitenwände waren mit glatt polierten Kalksteinplatten verblendet. Sie waren so fugendicht aneinandergesetzt, dass kein Blatt Papier dazwischenpasste. Doch so sieht die größte aller ägyptischen Pyramiden längst nicht mehr aus. Im 12. Jahrhundert nach Christus verwüstete ein Brand Kairo und die Menschen rissen die weißen Kalkplatten von der Pyramide, um neue Häuser zu bauen. Heute sieht man nur mehr die darunterliegende Stufenkonstruktion. Quader für Quader wurden 203 Stufen errichtet. Die ursprünglich neun Meter hohe Spitze der Pyramide, das Pyramidion, fehlt heute ebenfalls.

Voller Geheimnisse

Ob Cheops je in seiner Pyramide beerdigt wurde, ist zweifelhaft. Die Grabkammer, die im Inneren der Pyramide liegt, ist schmucklos und eines Königs nicht würdig. Dem Sarkophag fehlt der Deckel. 3 000 Jahre blieb das Innere der Pyramide unberührt.

Schon gewusst?

Der Petersdom in Rom, die Paulskirche in Frankfurt, die Westminster Abbey in London sowie die Dome von Florenz und Mailand hätten auf der Grundfläche der Cheops-Pyramide Platz.

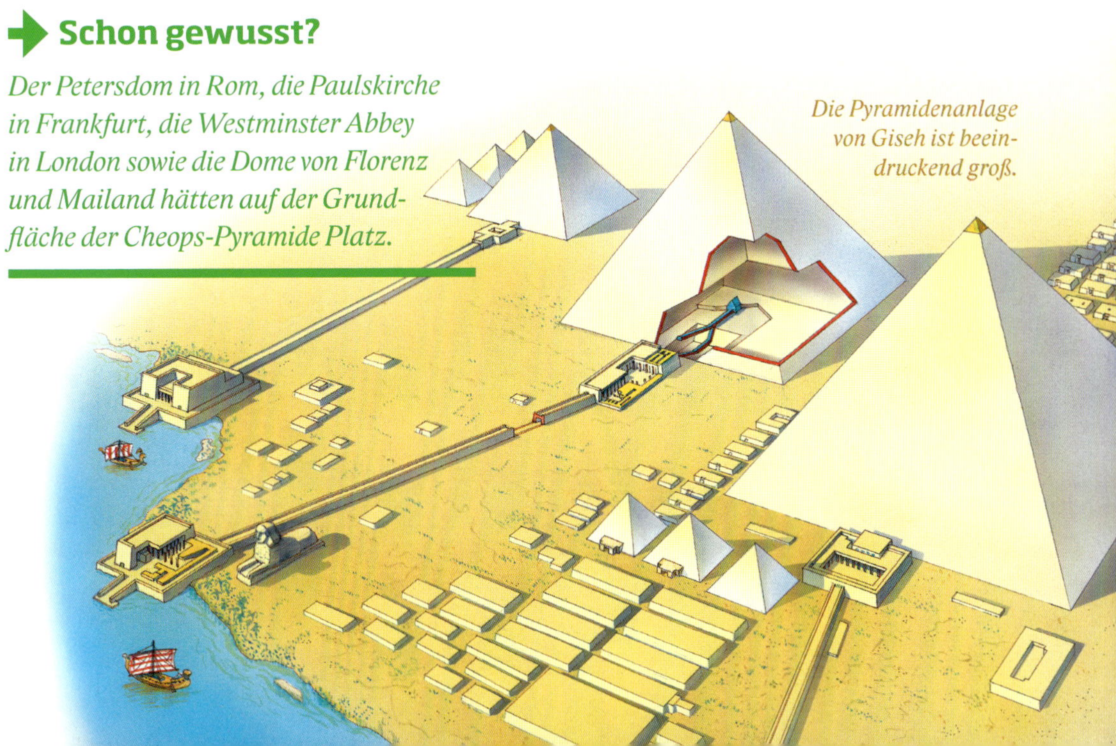

Die Pyramidenanlage von Giseh ist beeindruckend groß.

Im Inneren eines Steinbergs

Das Grab des Königs

Ob der König je in der Königskammer begraben wurde, ist fraglich. Man hat keine Grabbeigaben und keine Mumie gefunden.

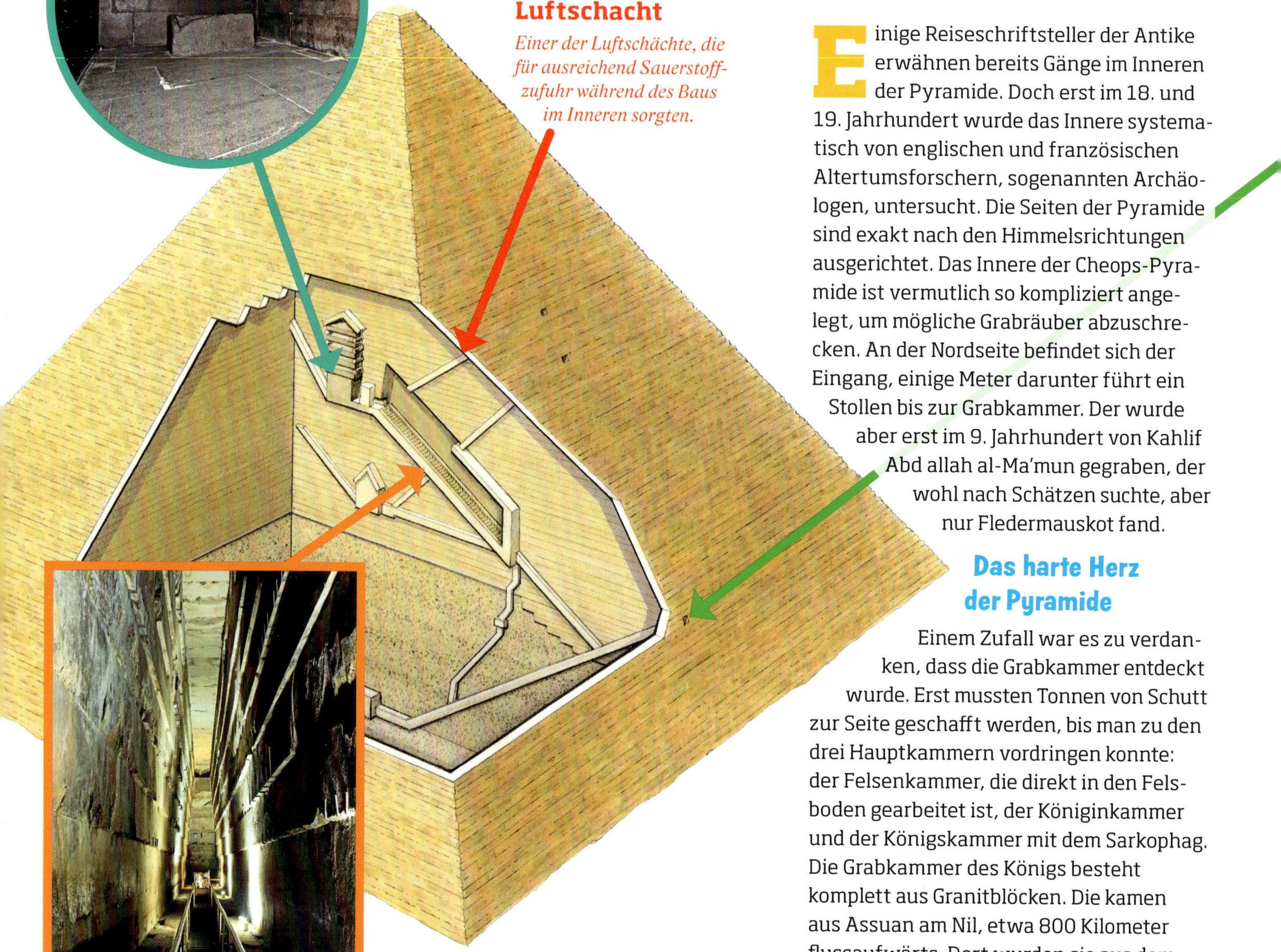

Luftschacht

Einer der Luftschächte, die für ausreichend Sauerstoffzufuhr während des Baus im Inneren sorgten.

Einige Reiseschriftsteller der Antike erwähnen bereits Gänge im Inneren der Pyramide. Doch erst im 18. und 19. Jahrhundert wurde das Innere systematisch von englischen und französischen Altertumsforschern, sogenannten Archäologen, untersucht. Die Seiten der Pyramide sind exakt nach den Himmelsrichtungen ausgerichtet. Das Innere der Cheops-Pyramide ist vermutlich so kompliziert angelegt, um mögliche Grabräuber abzuschrecken. An der Nordseite befindet sich der Eingang, einige Meter darunter führt ein Stollen bis zur Grabkammer. Der wurde aber erst im 9. Jahrhundert von Kahlif Abd allah al-Ma'mun gegraben, der wohl nach Schätzen suchte, aber nur Fledermauskot fand.

Das harte Herz der Pyramide

Einem Zufall war es zu verdanken, dass die Grabkammer entdeckt wurde. Erst mussten Tonnen von Schutt zur Seite geschafft werden, bis man zu den drei Hauptkammern vordringen konnte: der Felsenkammer, die direkt in den Felsboden gearbeitet ist, der Königinkammer und der Königskammer mit dem Sarkophag. Die Grabkammer des Königs besteht komplett aus Granitblöcken. Die kamen aus Assuan am Nil, etwa 800 Kilometer flussaufwärts. Dort wurden sie aus dem Fels gebrochen und bearbeitet. Doch mit welchem Werkzeug? Das damals übliche Kupferwerkzeug war viel zu weich und die Ägypter wussten noch nicht, wie man Eisen schmiedet. Vermutlich haben sie Eisenwerkzeug durch Handel erworben und es den Handwerkern mit strengen Auflagen ausgehändigt.

Große Galerie

Die sogenannte Große Galerie, also die Vorhalle, die zur Königskammer führt, ist acht Meter hoch und fast 40 Meter lang.

Schon gewusst?

Die Luftschächte, die sich durch die ganze Pyramide ziehen, garantierten den Arbeitern genügend Luft. Außerdem sollte die Seele des Pharao so den Weg nach oben finden.

Gut versteckt:
Tonnen von Steinen mussten bewegt werden, um an den Eingang der Pyramide zu gelangen, der sich in circa 17 Metern Höhe befindet.

Verblüffend genau

Viele Menschen haben sich schon den Kopf darüber zerbrochen, wie die Ägypter vor 4 500 Jahren die Maße der Pyramide so genau errechnen konnten. Denn die Statik und die Vermessungen mussten exakt stimmen. Die Gefahr, dass das Bauwerk durch sein Gewicht einfach zusammenbrechen oder wegrutschen würde, war viel zu groß. Man nimmt an, dass die Ägypter sehr viel über den Sonnen- und Sternenstand wussten und mit deren Hilfe Berechnungen durchführen konnten, die verblüffend exakt waren. Auch schienen sie Formeln zu kennen, um die Größenverhältnisse zu berechnen. Man bezeichnete die Rechenkunst der Ägypter auch als »heilige Geometrie«, denn lange Zeit dachte man, dass nur mit göttlicher Hilfe solche Berechnungen möglich wären.

Von 1798–1801 dauerte Napoleons ägyptische Expedition, die auch als Ägyptenfeldzug bezeichnet wird. Frankreich führte damals viele Güter aus Ägypten ein und in Pariser Gärten standen kleine Sphinxe und Obelisken.

Phänomene

Immer wieder haben Menschen von den merkwürdigen Energien innerhalb der Cheops-Pyramide berichtet. Der französische General Napoleon, der die ägyptische Kultur zutiefst verehrte, soll einmal eine Nacht in dem Sarkophag verbracht haben. Am nächsten Tag war er völlig verstört und konnte nie über das Erlebte sprechen. Heute weiß man, dass in der Grabkammer akustische Phänomene möglich sind. Die Wände und Materialien, die verbaut wurden, sind so abgestimmt, dass bestimmte Schwingungen entstehen – allein durch den Atem eines Menschen. Das war wohl auch Napoleon zu spukig ...

Bauschutt oder Götterverehrung?

Neben der Cheops-Pyramide wacht ein merkwürdiges Mischwesen, die Sphinx: Halb Mensch, halb Löwe ruht sie im Sand. Vielleicht wurde sie aus dem Bauschutt gefertigt, der beim Bau der Pyramide anfiel? Sollte sie die Pyramide bewachen? Oder war sie ein Symbol für die Verehrung des Sonnengotts, an den die Ägypter glaubten? Man weiß es bis heute nicht.

Die Sphinx ist eines der berühmtesten Bauwerke der Welt. Sie ist bis heute, 4 700 Jahre nach ihrer Errichtung, gut erhalten. Nur der Nase fehlt ein Stück.

Unglaublich!
Trotz ihrer Größe ist die Grundfläche der Cheops-Pyramide ein exaktes Quadrat. Die alten Ägypter konnten das mithilfe der Sterne und geometrischer Instrumente berechnen.

Schwerstarbeit: So könnte die spiralförmige Rampe zum Transport der Steine auf die Pyramide ausgesehen haben.

Der Bauplatz in der Wüste

Um ein so gewaltiges Bauwerk wie die Cheops-Pyramide sicher zu bauen, muss der Untergrund befestigt und geebnet werden. Dafür gab es einen Trick: Die geplante Grundfläche wurde mit einem wasserdichten Wall aus Sand und Steinen umgeben. Innerhalb des Walls grub man parallel und quer zueinander stehende Kanäle, die mit Wasser gefüllt wurden. Dadurch konnte überall die Wasserlinie angezeichnet werden, die überall gleich hoch war. Das Ganze war also eine riesige Wasserwaage. Nachdem das Wasser wieder abgelassen worden war, entfernten Steinmetze alles Gestein über der Wasserlinie. Schließlich wurden die Kanäle wieder mit Erdreich und Steinen aufgefüllt. Die Arbeit am Fundament dauerte zehn Jahre. Währenddessen wurden in den Steinbrüchen nahe des Nils bereits die Quader für die Pyramide gehauen und bearbeitet. Am Ende waren gut zwei Millionen Steinblöcke verbaut.

Die Ägypter dokumentierten Bauarbeiten mit Bildern. Dadurch wissen wir heute zum Teil, wie sie gebaut haben.

Die große Arbeitsbeschaffungsmaßnahme

Für den Bau der Pyramiden wurden keine Sklaven herangezogen, sondern Saisonarbeiter. Zwischen Juni und November, wenn der Nil über die Ufer trat und die Bauern keine Arbeit hatten, meldeten sich viele von ihnen freiwillig zum Pyramidenbau. Das garantierte den Bauern eine Vollbeschäftigung für das ganze Jahr. Gebaut wurde also an den Pyramiden immer nur ein knappes halbes Jahr; das erklärt auch die langen Bauzeiten. Die Arbeiter erhielten Lohn, Essen, Kleidung und Unterkunft. Die Arbeit an den Pyramiden war nicht nur als Verdienstquelle äußerst begehrt, sondern auch, weil es eine Ehre war, am Grabmal des Pharao mitzuwirken.

Wie hat man vor 5 000 Jahren gebaut?

Die letzten Geheimnisse um den Bau der Pyramiden sind bis heute nicht gelüftet. Die Arbeiter damals mussten wohl ohne Rad und Flaschenzug auskommen – diese waren zu der Zeit in Ägypten noch nicht bekannt. Die exakt behauenen Steinblöcke, einer wog etwa zweieinhalb Tonnen, wurden vom Steinbruch weg mit Barken auf

Granit ist durch seine mineralische Zusammensetzung so beschaffen, dass er in Scheiben oder Klötzen herausgebrochen werden kann. Die alten Ägypter benutzten dazu Keulen und Keile aus Dolomit – einem noch härteren Material als Granit.

Die traditionellen Transportboote waren aus Schilf. Eine Barke aus diesem leichten Material konnte trotzdem schwere Lasten befördern.

dem Nil befördert. Vom Nilufer bis zur Baustelle wurden die Quader mit Schlitten und Bohlen über den Sand befördert.

Ohne Kran, aber mit Rampe

Vermutlich wurde entlang der Außenmauer der Pyramide eine Rampe mitaufgebaut. Ob sich diese spiralförmig um die Pyramide wand oder schräg nach oben führte, ist nicht sicher. Auf ihr konnten die Blöcke mit beweglichen Rundhölzern und menschlicher Kraft nach oben gezogen werden. Je höher es hinaufging, desto schmaler wurde die Rampe und umso gefährlicher war die Arbeit darauf – an den Seiten ging es schließlich 140 Meter steil nach unten. Jedoch eine Erleichterung gab es: Die Ägypter kannten schon Umkehrrollen, durch die die Kraft, die auf den Zugseilen ruhte, umgelenkt wurde. So liefen die Arbeiter beim Hinaufziehen der Blöcke die Rampe hinunter.

Kein Zuckerschlecken

Auch wenn der Pyramidenbau Arbeit für ganze Generationen bescherte, war er doch lebensgefährlich. Arbeitsschutzkleidung wie Helme, Handschuhe und Stahlkappen in Schuhen gab es nicht. Viele Menschen starben durch herabstürzende Teile oder an Entkräftung. Man kann sich wirklich kaum vorstellen, wie das Aufsetzen des Pyramidion, der Pyramidenspitze, funktioniert haben soll. Sie war aus härterem Material gefertigt als die übrige Pyramide, vermutlich aus Basalt, und wurde wohl in einem Stück aufgesetzt. Vergoldet soll sie gewesen sein.

Das Innere der Pyramide

Wie hat man im Inneren der Pyramide gebaut? Es gab nur Fackeln als Beleuchtung und winzige Luftschächte. Vermutlich wurde erst der Pyramidenkern fertiggestellt, dann wurden die Stufenschichten drumherum errichtet. Auch der Sarkophag wurde vermutlich bereits vor dem eigentlichen Bau der Außenmauer in die Grabkammer gestellt; später hätte er nicht mehr durch die engen und sehr steilen Gänge, mit denen das Pyramideninnere durchzogen ist, gepasst.

So könnte die schräge Rampe zum Transport der Steine ausgesehen haben.

Babylon, die sagenumwobene Stadt

Babylon war eine der großen Weltstädte des Altertums und Hauptstadt des neubabylonischen Reichs. Das entstand vor ungefähr 3 000 Jahren zwischen den Flüssen Euphrat und Tigris und beflügelt mit seiner Hochkultur immer noch unsere Fantasie.
Als der Herrscher Nebukadnezar (605–562 v. Chr.) die Stadt regierte, hatten seine Vorfahren schon prächtige Mauern um die Stadt gebaut, die so breit waren, dass auf ihnen Pferdegespanne nebeneinander fahren konnten! Und sie hatten einen mächtigen Turm gebaut: das Zikkurat von Babylon. Nebukadnezar selbst ließ eine Prachtstraße und Stadttore schaffen, die wunderschön mit Tierabbildungen verziert waren. Und der Überlieferung nach auch die Hängenden Gärten.

Blühende Gärten mitten in der Wüste

Nebukadnezars Gattin Amyitis stammte aus Persien. Dort waren Palastgärten sehr modern; es war ein Zeichen des Wohlstandes, wenn sich jemand in einem heißen, trockenen Land einen Garten leisten konnte. Vielleicht hatte die Frau Nebukadnezars Heimweh und so schenkte ihr Mann ihr die Gärten. Sicher weiß man das aber nicht. Angeblich waren die blühenden Gärten sieben übereinanderliegende, versetzte Terrassen. Sie müssen so geschickt bepflanzt gewesen sein, dass der Eindruck entstand, die Pflanzen würden hängen oder schweben. Es ist anzunehmen, dass Nebukadnezar nicht nur seiner Frau zuliebe die Hängenden Gärten anfertigen ließ, sondern er wollte wohl auch die Natur überlisten. Denn Babylon lag in einer Gegend, wo es im Sommer 52 Grad Celsius haben kann.

Die Babylonier waren glänzende Baumeister und Handwerker. Ein eindrucksvolles Zeugnis ist das Ishtar-Tor; eine Nachbildung steht heute im Pergamonmuseum in Berlin.

Angeberwissen

- Das Gebiet zwischen Euphrat und Tigris wurde auch Zweistromland genannt.
- Das Land Irak deckt sich heute ungefähr mit diesem Gebiet.

Das Relief zeigt die babylonische Kriegsgöttin Ishtar. Es wurde 1800 vor Christus gefertigt und war ursprünglich rot bemalt.

Zufällig entdeckt

Als der Architekt und Forscher Robert Koldewey (1855–1925) nach den Spuren des ehemaligen Babylon suchte, hat er ein Kammersystem entdeckt. Es war aus Naturstein gehauen, also nicht aus Lehmziegeln, wie es damals üblich war. Er ahnte, dass dieses Fundament stabil genug war, große Lasten zu tragen. Waren das die Reste der Gärten?

Viele offene Fragen

Dass es die Hängenden Gärten der Semiramis gab, ist ziemlich sicher. Alexander der Große hat sie gesehen, antike Geschichtsschreiber rühmen sie und Koldewey hat Überreste gefunden. Aber warum waren sie nach Semiramis benannt? Die Frau von Nebukadnezar hieß überhaupt nicht so. Man weiß noch nicht einmal, wo genau diese Gärten in der Stadt Babylon lagen. Gleich neben dem Palast – dann hätte die Königin einen Garten vor der Haustür gehabt? Oder doch eher neben dem Fluss Euphrat, wegen der Bewässerung?

Bis heute fragt man sich, ob die sagenhaften Hängenden Gärten überhaupt in Babylon lagen. Oder vielleicht im nahe gelegenen Ninive, das auch als zweites Babylon bezeichnet wird.

Orientalische Gartenkunst

Aus sieben übereinanderliegenden Terrassen sollen die Hängenden Gärten bestanden haben. Nachdem der Architekt Robert Koldewey das angebliche Fundament der Gärten entdeckt hatte, entwarf er ein Bild der Gärten, wie er sie sich vorstellte: Jede Terrasse setzte sich aus einer 5,45 mal 1,32 Meter großen Steinplatte, die auf einem Bogengewölbe aus Naturstein ruhte, zusammen. Die Bogengewölbe waren fünf Meter hoch und alle sieben Etagen waren wie eine Riesentreppe, also versetzt angeordnet. Doch wie konnten darauf Pflanzen gedeihen? Die Steinplatten waren mit einer Lage Harz, Schilf, Asche, gebrannten Ziegeln und einer Bleiplatte beschichtet. So wurde verhindert, dass Wasser von einer Etage in die nächste tropfte. Über allem lag eine drei Meter hohe Schicht aus Gartenerde, in der auch große Bäume wurzeln konnten.

Alles hängt vom Wasser ab

Ein ausgeklügeltes Bewässerungssystem aus Kanälen, Gräben und kleinen Teichen sollte auf den Terrassen für permanente Feuchtigkeit sorgen. Außerdem pumpten Sklaven wahrscheinlich ununterbrochen Wasser in die Anlage. Angeblich kannten die babylonischen Gartenarchitekten schon das Prinzip der Wasserschraube, obwohl der eigentliche Erfinder, Archimedes (287–212 vor Christus), dieses Prinzip erst fast 400 Jahre später erfunden haben soll.

Computersimulation: So werden hängende Gärten bald in Mailand gebaut.

Der letzte Schrei sind Vertikalgärten, also Gärten, die senkrecht an Häusern entlangwachsen. Sie sind grüne Wunder – durch ihre Verdunstungskälte klimatisieren sie das Innere der Häuser und reinigen außerdem die Luft.

Unglaubliche Pflanzenvielfalt

Palastgärten waren in der Antike erst einmal nichts Besonderes. Aber die Hängenden Gärten übertrafen alles, denn sie waren wohl die erste große Pflanzensammlung der Welt. Nebukadnezar selbst brachte seiner Frau von Feldzügen exotische Pflanzen mit. Handelskarawanen lieferten Samen. Vermutlich wird es auch Palmenhaine gegeben haben. Sie waren nicht nur Schmuck, sondern auch äußerst nützlich, denn sie

Bei der Archimedischen Schraube wird eine Spirale innerhalb einer engen Röhre gedreht. Durch die Drehbewegung kann Wasser aus einem Becken oder Brunnen hochgeschraubt werden.

Dattelpalmen sind nicht nur schön, sondern auch nützlich.

Olivenbäume können mehrere Hundert Jahre alt werden.

Semiramis hieß eine sagenhafte babylonisch-assyrische Königin, die mehrere Jahrhunderte vor dem Bau der Hängenden Gärten gelebt hatte. Warum ihr Name mit den Gärten in Verbindung gebracht wurde, ist bis heute unklar.

spendeten Schatten und lieferten die begehrten Datteln, aus denen Essig, Sirup, Wein und Mehl gewonnen wurde.
In ihrem Schatten konnten auch niedere Pflanzen gedeihen. Granatapfel- und Maulbeerbäume, Birne, Kirsche, Mandel, Quitte oder Orangenbäume. Die Gärtner damals wussten, wie man Pflanzen kreuzen und vermehren konnte. Die Babylonier waren also echte Botaniker und Pflanzensammler. Das kann man alten Keilschriften und Mosaiken entnehmen.
Nebukadnezar war nicht der Erfinder der Gartenkunst, sondern er konnte damals schon auf uraltes Wissen der Perser zurückgreifen. Die Geschichte der persischen Gartenkunst ist 3 000 Jahre alt. Persien, der heutige Iran, hat mit seinen Gartenideen auch seine Nachbarländer angesteckt, darunter natürlich auch Babylonien, heute Irak.

Vorbilder

In der Renaissance, also im 15. Jahrhundert, als die sieben Weltwunder das Gesprächsthema Nummer 1 waren, haben auch viele Herrscher angefangen, Dachterrassen anzulegen – ganz nach dem Beispiel Babyloniens. Im 17. Jahrhundert fertigte der große Barockbaumeister Johann Fischer von Erlach Stiche der sieben Weltwunder an. Seine Hängenden Gärten dienten vielen Gärtnern als Vorbild.

Blüten und Schalen der Orangen dienen zur Duftherstellung.

Unglaublich!

Durch schriftliche Zeugnisse weiß man, dass die Babylonier auch mit Werkstoffen experimentierten. Sie kannten zum Beispiel Asphalt, ein Material, das beim Austritt von Erdöl entsteht. Damit hätten die Babylonier die Böden der Hängenden Gärten abdichten können.

Der Turmbau von Babylon

Der Turmbau zu Babel

Im Alten Testament gibt es neun Zeilen, die bis heute die Fantasie der Menschen beflügeln. Darin ist vom Bau eines riesigen Turms die Rede, dessen Spitze bis in den Himmel reichen sollte. Die Einwohner der sagenhaften Stadt Babel wollten ihn bauen, um Gott näher zu sein. Das missfiel Gott und er bestrafte die übermütigen Baumeister, indem er ihnen Hunderte von Sprachen gab. Die Folge war, dass sich die Menschen nicht mehr verstanden.

Schon gewusst?

Babylon war ein Anziehungspunkt für Reisende aus aller Welt. Die Herrscher ließen vor der Kulisse der prachtvollen Stadt viele Feste ausrichten. Richtige Orgien sollen es gewesen sein. Die Bezeichnung Sündenbabel leitet sich wahrscheinlich davon ab. Gemeint ist damit ein Ort, in dem es drunter und drüber geht und keine moralischen Gesetze gelten.

Das Schwemmland zwischen Euphrat und Tigris gilt auch als Wiege der Schrift. Die Sumerer hatten dort 5000 vor Christus die Keilschrift erfunden.

Babylon war nicht nur wegen seiner Hängenden Gärten berühmt, sondern durch zahlreiche andere Bauwerke, die für die damalige Zeit gigantisch angelegt waren. So standen die Mauern von Babylon ursprünglich auf der Liste der Weltwunder und wurden erst später durch den Leuchtturm von Alexandria ersetzt. Als Nebukadnezar an die Macht kam, endete eine lange Periode der Fremdherrschaft. Die Stadt Babylon wurde wieder zu einer selbstbestimmten Metropole und der Herrscher Nebukadnezar tat alles, um aus der Stadt in der Wüste ein attraktives Reiseziel zu machen. Er ließ nicht nur neue Paläste und Prachtstraßen bauen, sondern er vollendete vor allem den großen Stufenturm zu Ehren Marduks, der wichtigsten babylonischen Gottheit.

Das Zikkurat

In Babylonien waren Stufentürme nicht ungewöhnlich. Sie hießen Zikkurate, was so viel heißt wie Himmelstürme. Das Zikkurat von Babylon nannte man Etemenanki: Haus der Fundamente von Himmel und Erde. Es hatte eine Grundfläche von 91 mal 91 Metern und war mit 91 Metern wirklich beeindruckend hoch.

Zikkurate waren Prachtbauten und sollten Macht und Größe des Herrschers symbolisieren.

Weltwunder oder Bibelvorlage?

Das Zikkurat von Babylon wurde lange als Weltwunder gehandelt. Ob sich die Geschichte aus dem Alten Testament vom Turmbau zu Babel und die daraus folgende Sprachverwirrung auf das Zikkurat und Babylon beziehen, ist nicht ganz klar. Aber für den Bau eines solch gewaltigen Bauwerkes mussten viele Arbeiter herangezogen werden. Nebukadnezar, der ständig fremde Länder eroberte, setzte die Besiegten für den Turmbau ein – so kam es, dass auf den babylonischen Baustellen ganz schön viele Sprachen gesprochen wurden. 1913 entdeckte der deutsche Archäologe und Architekt Robert Koldewey die Grundrisse des Zikkurats von Bayblon. Von dem Turm war nach 2500 Jahren nichts mehr übrig, denn schon kurz nach Nebukadnezars Herrschaft begann der Stern der Stadt zu sinken. Als Alexander der Große 300 Jahre nach Nebukadnezar die Stadt eroberte, fand er nur noch die Ruinen des Turms. Er wollte ihn wiederaufbauen lassen und beschäftigte 10 000 Arbeiter. Alexanders früher Tod beendete den Wiederaufbau.

Viele Gelehrte

Wissenschaft wurde in Babylonien großgeschrieben. Ob Mathematik, Chemie, Medizin, hier kamen die Experten der damaligen Zeit zusammen. Das weiß man, weil man Tontafeln mit Inschriften gefunden hat.

Der Gott und die Olympischen Spiele

Zeus als Blitzeschleuderer. Die Statue des Phidias zeigte einen gütigen Zeus.

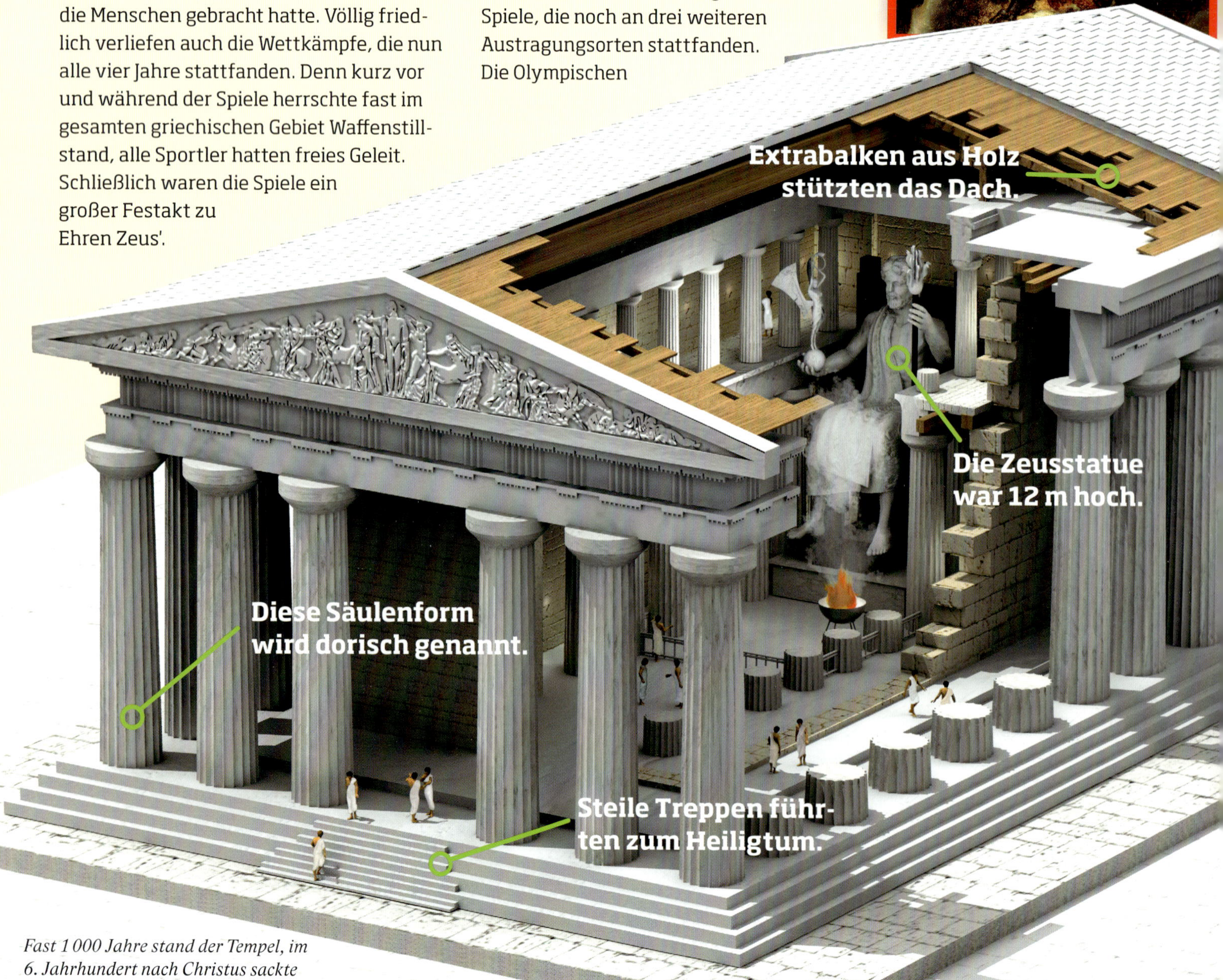

Ab 776 vor Christus fanden sportliche Wettkämpfe in Olympia, Griechenland statt. Angeblich hatte Zeus, der Göttervater, diese Spiele angeordnet. Sie sollten daran erinnern, dass Zeus Ordnung in der völlig zerstrittenen Götterfamilie geschaffen und somit Frieden über die Menschen gebracht hatte. Völlig friedlich verliefen auch die Wettkämpfe, die nun alle vier Jahre stattfanden. Denn kurz vor und während der Spiele herrschte fast im gesamten griechischen Gebiet Waffenstillstand, alle Sportler hatten freies Geleit. Schließlich waren die Spiele ein großer Festakt zu Ehren Zeus'.

Ausnahmespiele an einem Ausnahmeort

Olympia ist ein Ort auf dem griechischen Peloponnes. Als Olympiade bezeichnete man den Abstand von vier Jahren zwischen den Spielen, die antiken Olympischen Spiele selbst waren Teil der allgriechischen Spiele, die noch an drei weiteren Austragungsorten stattfanden. Die Olympischen

Extrabalken aus Holz stützten das Dach.

Die Zeusstatue war 12 m hoch.

Diese Säulenform wird dorisch genannt.

Steile Treppen führten zum Heiligtum.

Fast 1 000 Jahre stand der Tempel, im 6. Jahrhundert nach Christus sackte das Gebäude bei einem Erdbeben ein.

Schon gewusst?

Die Menschen des antiken Griechenland glaubten an eine Vielzahl von Göttern und der mächtigste Gott war Zeus. Sein Symbol war ein Blitz in der Hand, aus dem er Feuer schleudern konnte. Mit seinem Blitz soll er auch das olympische Feuer, das bis heute in Olympia gehütet wird, entzündet haben.

Antike Darstellung eines Fackelläufers

Ruinen des Zeus-Tempels in Olympia. Hier sind Säulentrommeln des Tempels zu sehen.

Spiele wurden in einem heiligen Hain abgehalten. Das war ein heiliger Ort, der einer Gottheit geweiht war und auf dem häufig Bäume standen und es eine Quelle gab.
In nur 300 Jahren entwickelten sich die anfangs im kleinen Rahmen abgehaltenen Sportspiele zum größten Freiluftereignis der Antike und zur Ausbildungsstätte für Athleten. Anfangs erhielt der Gewinner als Preis nur einen geheiligten Olivenzweig, der ihm um die Stirn gelegt wurde. Als die Spiele immer größer wurden, erhielten die Sieger auch Geldprämien.
470 vor Christus platzte die olympische Anlage buchstäblich aus allen Nähten. Zwischen den verschiedenen Sportstätten standen kleine Altäre und Statuen. Es herrschte ein ziemliches Durcheinander und von der Ordnung einer religiösen Kultstätte konnte keine Rede mehr sein. Das war nicht die richtige Art, Zeus zu ehren! Alle Bewohner Griechenlands wurden aufgerufen, Geld zu spenden. Zeus sollte in Olympia eine Statue und ein Tempel gebaut werden, die größer und prächtiger sein sollten als alle anderen, die es bisher gab.

Nur die Besten

Der damals berühmte Architekt Libon von Elis stellte 456 vor Christus den Tempel fertig. Der Monumentalbau stand auf einem künstlichen Hügel, umsäumt von 34 Säulen, die über zehn Meter hoch waren. Im Inneren des Tempels, in der Cella, sollte die Zeus-Statue stehen. Man beauftragte den größten Bildhauer der Antike, Phidias (500–432 vor Christus). Er war ein enger Freund des athenischen Staatsmanns Perikles. Für ihn hatte er schon den Bau der Akropolis in Athen überwacht.

Statue unter Statuen

Zeus-Statuen gab es in der Antike in Hülle und Fülle. Was war an der Phidias-Statue so besonders, dass sie schon rasch in den Hitlisten der Weltwunder auftauchte?
Da seine Statue geschützt in einem heiligen Tempel stehen sollte, wählte Phidias nur edles Material. Gold, Elfenbein und Edelsteine schienen ihm genau richtig. Doch das allein begründete nicht den Ruhm. Augenzeugen schwärmten von der ungeheuren Ausstrahlung der Statue. Es muss ein beschützender und verzeihender Zeus gewesen sein, den Phidias geschaffen hatte. Mit einem Gott als Freund konnten die Menschen etwas anfangen.

Baron Pierre de Coubertin erweckte die Olympischen Spiele 1896 wieder zu neuem Leben. Er wollte damit zum internationalen Frieden beitragen.

Olympia fasziniert bis heute

Um 393 nach Christus wurden die Olympischen Spiele der Antike verboten, da sie nun als heidnischer Kult galten, und für lange Zeit vergessen. Die Austragungsstätte wurde zerstört und erst 1766 wiederentdeckt. Angeregt von Baron Pierre de Coubertin fanden 1896 die ersten Olympischen Spiele der Neuzeit in Athen statt. Heute ist Olympia ein Großereignis. Die Städte bauen oft spektakuläre Olympiastadien, wie zum Beispiel in München 1972 oder in Peking 2012.

Das Olympiastadion in Peking, auch Nest genannt, ist ein Bauwerk mit hohem Wiedererkennungswert.

Phidias und die Zeus-Statue

Phidias gilt als einer der bedeutendsten Bildhauer der Antike.

Der Bildhauer Phidias wusste, dass er etwas Außergewöhnliches schaffen musste. Dazu benötigte er nicht nur edle Materialien, sondern vor allem auch Platz, denn das Abbild des Gottes sollte göttlich groß werden. Im Tempel selbst hätte er die Statue nicht bauen können; deshalb ließ er in der Nähe eine Werkstatt errichten. Vermutlich wurde die Statue später in Einzelteilen in den Tempel gebracht und dort wieder zusammengebaut.

Die Werkstatt des Phidias wurde 1954 bis 1958 freigelegt. Sie hatte die gleichen Ausmaße wie der Innenraum des Tempels, in dem die fertige Statue stehen sollte, wie auf dieser Fotomontage gut zu sehen ist.

Wie sah der Zeus des Phidias aus?

Mit zwei Gehilfen schuf Phidias die Zeus-Statue. Insgesamt war die Statue um die zwölf Meter groß: Zeus thronte auf einem Armsessel. In der Linken trug er das Zepter, auf der rechten Hand stand die Siegesgöttin Nike. Zeus' Kopf war von einem Olivenzweig umkränzt, genau wie die Sieger der Olympischen Spiele. Haare, Gewand und Sandalen fertigte Phidias aus Gold. Angeblich aus insgesamt 200 Kilogramm. Die übrigen Körperteile waren von Elfenbeinplatten bedeckt. Das Innere der Statue bestand aus einer Holzkonstruktion und Gips. Beeindruckend müssen die Augen gewesen sein, die wahrscheinlich aus faustgroßen Edelsteinen bestanden.

Unrühmliches Ende

Zwar gibt es nur auf Münzen kleine Abbildungen der Zeus-Statue, aber sehr genaue Beschreibungen von Augenzeugen. Phidias wurde bereits zu Lebzeiten als der bedeutendste Bildhauer gepriesen. Kaum zu glauben, dass sein Ruhm nicht bis zu seinem Tod dauern sollte, denn er wurde angeklagt, Gold und Elfenbein unterschlagen zu haben. Bis heute weiß man nicht, ob Neider das als Gerücht in die Welt gesetzt hatten oder ob ihn der Umgang mit den Kostbarkeiten unvorsichtig gemacht hatte. Obwohl sein Leben gut dokumentiert ist, auch seine Werkstatt, die

Als unglücklich galt jeder, der die Zeus-Statue nicht gesehen hatte. Vielleicht wurde sie deshalb auf antike Münzen geprägt?

Phidias ist auch der Schöpfer der Athene-Statue, die am Eingang der Akropolis in Athen stand.

man bei Ausgrabungen im 20. Jahrhundert fand – über sein Ende gibt es nur Spekulationen. Entweder starb er im Gefängnis oder auf der Flucht.

Wo ist die Statue?

Nicht nur Phidias' Ende ist ungewiss, auch das Ende der Zeus-Statue ist geheimnisvoll. Als Kaiser Caligula (12–41 nach Christus) die Zeus-Statue abbauen lassen wollte, um sie nach Rom zu verfrachten, soll ein unheimliches Lachen die Arbeiter in die Flucht geschlagen haben. Wahrscheinlicher scheint, dass der Zahn der Zeit an dem vergänglichen Material gearbeitet hat. Es gibt Beschreibungen aus dem Jahr 200 nach Christus, wonach das Gewand schäbig gewesen sein soll. Die goldenen Locken gab es auch nicht mehr. Vielleicht haben einfach Diebe sich an den kostbaren Bauteilen zu schaffen gemacht? Eventuell ist die Statue irgendwann verschleppt worden; jedenfalls fehlt von ihr jede Spur.

Schon gewusst?

Angeblich soll Zeus die Elefanten nur wegen des Elfenbeins erschaffen haben. Das Elfenbein, das für die Zeus-Statue in Olympia verwendet wurde, hatte einen langen Transportweg hinter sich. Schließlich gab es Elefanten nur in Afrika und in Indien. Deshalb kann man erahnen, welchen Wert das Material hatte. Tierschutz gab es damals noch nicht, heute wäre dieses Material undenkbar. Der Handel mit Elfenbein ist streng verboten, denn jahrhundertelanges Abschlachten der Dickhäuter hat fast zu ihrem Aussterben geführt.

Ganz so groß wie in dieser Illustration war die Zeus-Statue wohl nicht. Sie war ungefähr zwöf Meter hoch – circa sieben Mal größer als ein Mensch.

Einmal im Jahr wurde das Fest zu Ehren der Göttin Artemis gefeiert. Stiere wurden geopfert. Das Fleisch aßen die Menschen und die Hoden wurden als Zeichen der Fruchtbarkeit der Artemis-Statue um den Hals gehängt.

Artemis wurde als Mondgöttin verehrt und galt als Beschützerin der Frauen und Kinder. Ihre Leidenschaft gehörte der Jagd.

Ephesos und der Tempel

Rund 1000 vor Christus sind Ionier, das war ein Volksstamm, vom griechischen Festland aus über die Insel Samos nach Kleinasien aufgebrochen. Ihr Zielort war die Mündung des Flusses Kaystros in der heutigen Türkei. Dort blühte der Handel mit Asien und Afrika und das Schwemmland war fruchtbar. Allerdings war die Gegend ziemlich unwirtlich. Umso erstaunter waren die Einwanderer, als sie in einer abgelegenen Bucht einen uralten Baum fanden. In diesem Baum stand eine vielbrüstige Statue, die von der Bevölkerung dort als Naturgottheit verehrt wurde. Die Ionier nahmen diese Göttin in ihre Götterfamilie auf und setzten sie mit Artemis, der Göttin der Jagd, gleich.

Vom heiligen Ort zur Schaltzentrale

Heilige Orte waren in der Antike auch immer Plätze, an denen Waffenstillstand herrschte. Dort konnte Verfolgten Asyl

Im Tempel der Artemis wurden von Krösus selbst beschriebene Tonscherben gefunden.

gewährt werden, niemand durfte im Inneren des heiligen Ortes behelligt werden. Außerdem brachten die Menschen ihre Schätze dorthin, wo die Hüterinnen des Heiligtums sie verwalteten. Oft verliehen sie auch Geld – die heiligen Orte wurden so etwas wie Banken der Antike. Kein Wunder, dass sich immer mehr Menschen in der Umgebung des heiligen Baumes in Kleinasien ansiedelten. Der Ort wurde griechisch Ephesos benannt und wurde rasch zur blühenden Handelsmacht.

Wann entstand der Tempel?

Der Anfang des Weltwunders, das hier entstehen sollte, war bescheiden. Im Jahr 700 vor Christus legte man einen Altar an: eine drei mal fünf Meter große Platte im Sumpf. Das änderte sich mit König Krösus, dessen Reichtum legendär war. Er eroberte 560 vor Christus die Metropole Ephesos. Krösus verehrte die griechische Kultur. Er wünschte sich das prächtigste Artemision, also einen Artemis-Tempel, im ganzen hellenischen Reich.

Bauvorbereitung

Weil die Gegend um Ephesos als äußerst erdbebengefährdet galt, ließ Krösus den Artemis-Tempel in einem Sumpf bauen. So ungewöhnlich es klingt: Aber die Idee war gut, denn der weiche Boden dämpfte Erschütterungen ab. Für die Festigkeit sorgten verkohlte und damit vor Verrottung geschützte Eichenstämme, die, dicht an dicht, in den weichen Grund getrieben wurden. Darauf kam eine massive Felsplatte, auf der schließlich der prächtige Tempel gebaut werden sollte.

Prachtbau der Antike

Das Artemision war 51 Meter breit und 105 Meter lang und hatte die Höhe eines etwa sechsstöckigen Hauses, denn die 127 Marmorsäulen waren jeweils 18 Meter hoch. Aus wertvollem Zedernholz wurden die Decke und der Dachstuhl gefertigt. Eine unglaublich reich verzierte Tür aus geöltem Holz führte in die Cella, in das Heiligste des Artemisions. Dort befand sich auch das zwei Meter hohe, goldverzierte Standbild der Artemis. Schwere Vorhänge, die mit Duftölen getränkt waren, dämpften die Geräusche, sodass eine ehrfurchtsvolle Atmosphäre entstand, auch wenn neben der Götterverehrung im Tempel noch Geldgeschäfte erledigt wurden.

Seltsamer Schmuck

Artemis-Statuen waren in der Gegend um Ephesos sehr beliebt. Doch viele Artemis-Statuen gaben den Forschern lange Zeit Rätsel auf: Die seltsamen Säckchen, die Artemis auf der Brust trug, waren keine Brüste, sondern vermutlich Stierhoden.

Schon gewusst?

Noch heute sagt man »reich wie Krösus«, wenn jemand richtig viel Geld hat. König Krösus selbst hat die Fertigstellung seines Tempels nicht mehr erlebt. 120 Jahre wurde daran gebaut.

Nachbildung einer Artemis-Statue. Die Statue aus dem Artemision war aus Rebholz gefertigt und mit Gold verziert.

Nur einige Säulen und Steine zeugen von der ehemaligen Pracht des Tempels. Meterhohe Schlammschichten bedeckten die Ruinen des einstigen Artemis-Tempels, bevor die Archäologen die Ruinen freilegten.

Wahnsinnstat

Die Säulentrommeln des Artemis-Tempels schmückten Reliefs wie dieses, das den Götterboten Hermes zeigt.

Es war eine heiße Nacht, als im Jahr 256 vor Christus ein Mann in den heiligen Tempelbezirk in Ephesos eindrang. Er war mit einer Brandfackel bewaffnet und schlich sich damit in das Artemision. Dort legte er an den Weihegegenständen, die Gläubige hinterlassen hatten, Feuer. Im Nu griffen die Flammen auf die Vorhänge und die ölgetränkten Türen über. Am nächsten Morgen lag der ganze Tempel in Schutt und Asche. Der Täter war rasch gefasst – er wollte sich unvergesslich machen durch die Tat. Also ordnete man an, dass der Name des Brandstifters nie genannt werden dürfe. Irgendwie kam er aber doch heraus: Herostratos. Auch heute noch wird eine Tat, die aus Geltungssucht begangen wird, herostratisch genannt. Somit wurde der Täter tatsächlich unsterblich.

Antiker Bauschutz

In den schwelenden Trümmern des Artemisions ereignete sich am Tag nach dem Brand angeblich noch ein Wunder. Die Statue der Artemis war völlig unversehrt. Man sah dies als göttliches Zeichen. Ein Spendenaufruf ermöglichte den Wiederaufbau des Tempels, der 250 vor Christus fertig wurde. An der Stelle des alten Artemisions arbeitete man dessen Trümmer in die Erde ein. Damit wurde das Fundament noch stabiler. Das neue Artemision wurde dann ausschließlich aus Steinen gefertigt, um jedem Brand vorzubeugen. Auch der Giebel und das Dach waren aus Stein.

Alexanders Beitrag

In der Nacht, in der Herostratos das Artemision zerstörte, wurde der Legende nach Alexander der Große in Makedonien gebo-

Alles in einem Bild: Tempelbrand und die Geburt Alexander des Großen, die im weit entfernten Makedonien stattfand.

Die Celsius-Bibliothek in Ephesos, die um 120 nach Christus von Tiberius Julius Aquila Polomaeanus zu Ehren seines Vaters gestiftet wurde, beherbergte 12 000 Bücher in Rollenform.

Schon gewusst?

Um 55 nach Christus kam der Apostel Paulus nach Ephesos und hatte ungeheuren Zulauf. Die Epheser fürchteten um die Attraktivität des Artemis-Kultes, mit dem sich auch viel Geld verdienen ließ. Ephesos war so etwas wie ein Touristenmagnet und zu vergleichen mit einer Wallfahrtsstätte, wo man Souvenirs kaufen kann. Souvenirs, die einem Heiligtum gleichen, nennt man Devotionalien. Im Neuen Testament ist in der Apostelgeschichte vom Aufruhr eines Devotionalienhändlers die Rede.

ren. Viele Jahre später kam er bei seinen Feldzügen auch nach Ephesos und wollte spontan den Wiederaufbau unterstützen, aber die Epheser lehnten Geld von Barbaren ab – Alexander war ja kein Grieche. Sie gaben ihm eine listige Antwort: »Alexander wäre selbst ein Gott und Götter bauten anderen kein Haus.«

Ein Bau mit vielen Namen

Um 150 vor Christus eroberten die Römer das Gebiet und benannten das Artemision in Diana-Tempel um. Im Zuge der Christianisierung wurde dann im 5. Jahrhundert der Artemis-Kult verboten. Aus den Bauteilen des Artemisions ließ man gleich daneben eine monumentale Kuppelkirche bauen, nun zu Ehren der Jungfrau Maria.

Statuen der Heiligen Maria Mutter Gottes sind beliebte religiöse Souvenirs.

Wiederentdeckung

Bereits in der Antike galt das Artemision als eines der Weltwunder. Später, als nichts mehr davon übrig war, geriet es in Vergessenheit. Erst als man in der Renaissance die griechischen und lateinischen Urtexte wieder zu lesen begann, erfuhren die Menschen von der Existenz der zwei legendären Artemis-Tempel in Ephesos.
Im 19. Jahrhundert begann der Engländer John Turtle Wood mit Grabungen rund um Ephesos. Später fand man unter anderem einen großen Schatz, vermutlich Reichtümer, die im Tempel verwaltet wurden. Heute sind erst 15 Prozent der Stadt Ephesos erforscht und viele antike Bauwerke zu besichtigen. In der Antike war es die bedeutendste Stadt Kleinasiens mit vielen öffentlichen Gebäuden, zum Beispiel Bibliotheken, Theatern und Badehäusern.

Ein Grabmal für den König

Ein Sockel von ungefähr 33 mal 39 Metern, bestehend aus fünf Stufen, und darüber ein mächtiger Grundbau, das Pteron, auf dem sich ein von 36 Säulen getragener Tempel erhob. Und über allem eine 24-stufige Pyramide. Das soll ein Grabmal sein? Tatsächlich glich das Monument, das König Mausolos um 360 vor Christus in Auftrag gab, eher einem 14-stöckigen Hochhaus. Das Mausoleum, das nach seinem Auftraggeber benannt war, erinnerte weder an einen griechischen Tempel noch an eine Pyramide – es war architektonisch etwas ganz Eigenständiges. Neu war auch, dass sich ein Herrscher im Mittelmeerraum ein gigantisches Grabmal errichten ließ. Was hatte Mausolos damit vor?

Wer war dieser Mausolos?

König Mausolos regierte Karien, eine Küstenregion im Südwesten Kleinasiens, nur etwa 110 Kilometer von Ephesos entfernt, wo bereits der Artemis-Tempel Aufsehen erregte. Mausolos war als Grieche ein Bewunderer der griechischen Kultur. Seinen Regierungssitz hatte er in der blühenden Hafenstadt Halikarnassos, dem heutigen Bodrum (Türkei). Neben den wirtschaftlichen Erfolgen wollte er die Provinzmetropole auch kulturell attraktiv machen. Ein Grabmal schien ihm zwei Fliegen mit einer Klappe zu schlagen. Zum einen hatte er da architektonisch keine Konkurrenz – Könige ließen sich Paläste bauen oder errichteten Tempel, aber nicht das eigene Grab. Und zum zweiten würde es seinen Namen in die Welt tragen. Tatsächlich ist Mausolos' Name durch den Bau seiner eigenen Grabstätte unvergessen, denn auch heute nennt man stattliche Grabstätten, die man betreten kann, Mausoleen. Er selbst sollte allerdings sein Wahrzeichen nie fertig sehen. Noch weit vor Bauende verstarb Mausolos im Jahre 353 vor Christus.

Moderne Methode: Ausschreibung

Mausolos hat sich bei der Planung seiner Grabstätte etwas ziemlich Modernes ausgedacht: Er ließ das Bauwerk unter griechischen Architekten ausschreiben. Das bedeutet, dass mehrere Architekten Entwürfe angefertigt hatten, unter denen sich Mausolos dann einen aussuchte. Ausschreibungen werden heut-

Das House of the Temple in Washington, D.C., USA wurde dem antiken Grabmal nachempfunden.

Die beiden Statuen stammen aus dem Mausoleum. Ob sie Mausolos und seine Frau Artemisia darstellen, ist nicht sicher.

Reste des Mausoleums sind in dem Kastell St. Peter verbaut, das sich am Hafen von Bodrum, dem ehemaligen Halikarnassos, befindet.

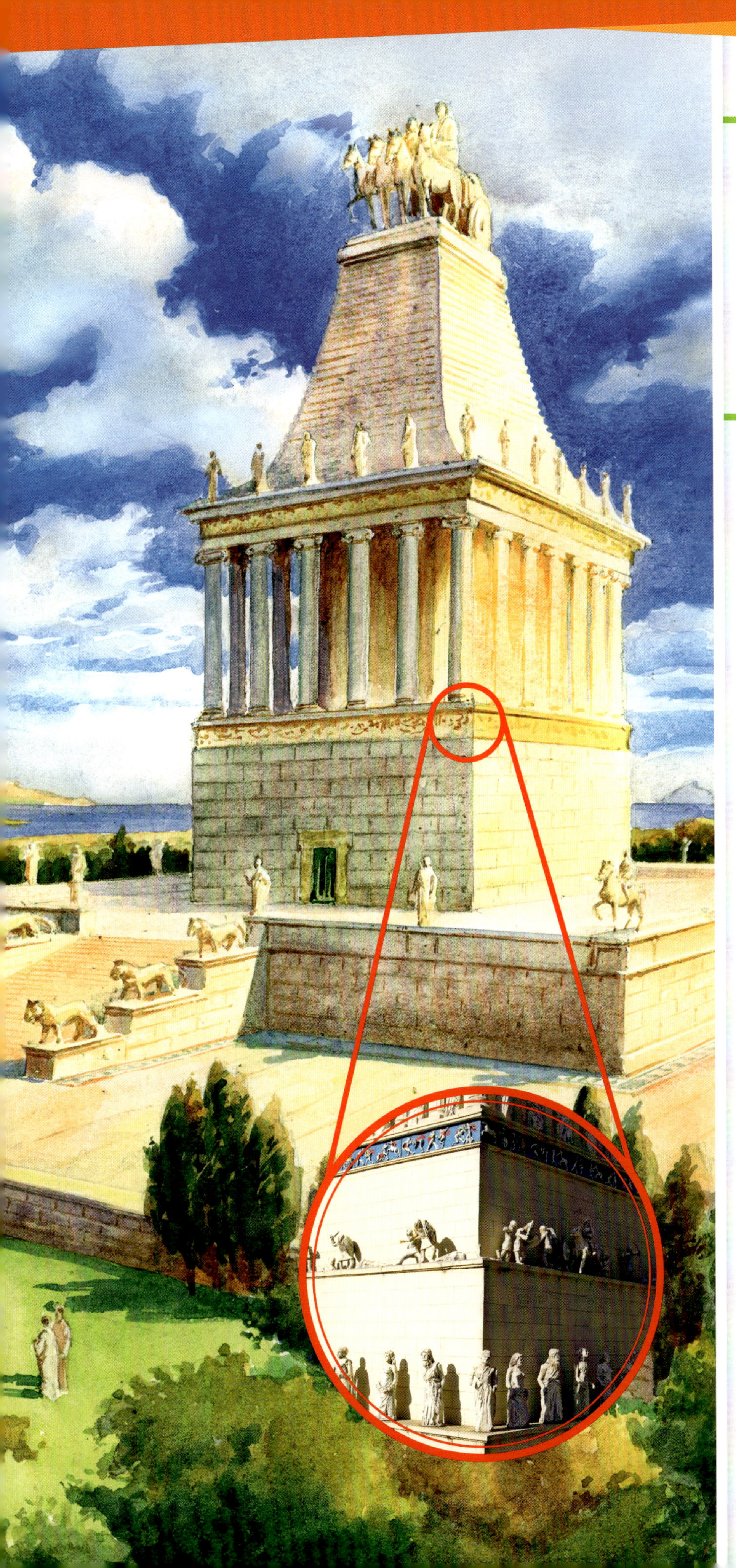

Rekord

Das Bauwerk sollte über

1 500 Jahre

bestehen; es war nach der Cheops-Pyramide und dem Leuchtturm von Alexandria das am längsten existierende Weltwunder.

zutage vor allem dann genutzt, wenn der Auftraggeber ein öffentlicher Träger ist, also eine Gemeinde oder der Staat. Die Baumeister Satyros und Phyteos machten das Rennen mit einem völlig neuen Konzept: Sie entwickelten keinen Flachbau, wie er sonst für Grabstätten üblich war, sondern planten ein hoch aufragendes, weithin sichtbares Monument.

Das Erbe des Mausolos

Mausolos war mit Artemisia verheiratet. Sie war auch gleichzeitig seine Schwester, aber das war in der Antike nichts Ungewöhnliches – man wollte so die königliche Familie wohl vor Einflüssen von außen schützen. Nach Mausolos' Tod setzte sie den Monumentalbau fort. Dabei hatte sie einen Hintergedanken: Auch sie wollte sich damit ein Denkmal setzen. Dazu gab sie eine Skulptur in Auftrag: eine Quadriga aus Marmor, also ein Gespann aus vier Pferden, das von einem Mann und einer Frau gelenkt wurde. Die Statue kam auf die Kuppel des Mausoleums. Das war, wie man heute sagen würde, ziemlich emanzipiert, denn es war unüblich, dass sich Frauen als Mitregierende abbilden ließen. Viele spätere Herrscher haben sich an Mausolos ein Vorbild genommen und ließen schon zu Lebzeiten Mausoleen errichten. Wahrscheinlich wollten sie so gegen das Vergessen vorgehen.

Auch wenn die Figuren wie in dieser Nachbildung am Mausoleum winzig wirken, sind sie überlebensgroß und zeigen berühmte Kampfszenen und Götterbilder.

Bildhauer schlagen zu

Nur zwei Jahre nach Mausolos' Tod starb auch seine Frau Artemisia. Die Baumeister sahen es nun als eine Ehre an, das Bauwerk zu vollenden; das Königspaar hatte auch genügend Geld dafür hinterlassen. Noch zu seinen Lebzeiten hatte Mausolos einen zweiten Wettbewerb ausgeschrieben: Nur die besten griechischen Bildhauer sollten seinen Grabpalast mit Kunstwerken versehen. So kam es, dass vier der berühmtesten Bildhauer je eine der vier Seiten des Mausoleums nach ihren Vorstellungen gestalteten. Der Gang um den Innenraum des Tempels wurde von Friesen und Reliefs geschmückt, aber auch ober- und unterhalb der 39 Säulen reihten sich Schmuckleisten, Mosaike und kunstvolle Skulpturen. Es war ein Gesamtkunstwerk, das diese Künstlerkolonie in Halikarnassos schuf. Und es muss ein traumhaftes Arbeiten gewesen sein, denn beide Auftraggeber konnten den Künstlern nicht mehr reinreden.

Was ist ein Fries?

In der Architektur bezeichnet man waagrechte Abschlüsse oder Querleisten an einer Mauer als Fries. Meist wiederholt sich dieses Schmuckelement. Es kann glatt sein oder plastisch hervortreten und dient der Gliederung eines Bauwerks. Außerdem war es in der Antike eine wunderbare Methode, ein Bauwerk exklusiv zu schmücken. Die Bildhauer hatten verschiedene Möglichkeiten, einen Fries zu gestalten: Sie konnten den Stein künstlerisch bearbeiten, etwa geometrische Muster hineinschneiden oder ganze Szenen herausritzen. Diese Technik nennt man Relief. Je nachdem, ob der Stein tief oder weniger tief bearbeitet wird, ist es ein Flachrelief, Halbrelief oder Hochrelief. Die Künstler in Halikarnassos müssen sich

Fries

Auf dem Fries, der sich rund um das Mausoleum zieht, sind Szenen aus der Amazonenschlacht und Kämpfe mit Zentauren abgebildet.

Ein Bildhauer bearbeitet einen Marmorblock: modernes Werkzeug, aber alte Handwerkskunst.

Quadriga

Hier lenkt Nike, die Friedensbringerin, das Pferdegespann auf dem Brandenburger Tor in Berlin.

Das Pferd gehörte einst zur Quadriga des Mausoleums von Halikarnassos.

jedenfalls übertroffen haben, denn schon bald nach seiner Fertigstellung wurde das Mausoleum von Halikarnassos als Weltwunder bezeichnet.

Nichts hält ewig

Als Alexander der Große 334 vor Christus Halikarnassos eroberte und zu großen Teilen zerstörte, verschonte er das Mausoleum. Erst ein Erdbeben im 12. Jahrhundert brachte dem Bau das Ende. Noch bevor 1523 die türkischen Truppen des Sultans Suleiman die Stadt eroberten, hatten Kreuzfahrer des Johanniterordens bereits die Ruine abgetragen und aus den Trümmern eine Verteidigungsanlage, das Kastell St. Peter, errichtet. Die neuen türkischen Besatzer bauten auf dem Grund des einstigen Mausoleums Landhäuser.

Ein archäologischer Glücksfall

Vom Mausoleum fehlte jede Spur, bis englische Archäologen, die in der Gegend arbeiteten, 1857 zwölf der Landhäuser kauften. Unter den Landhäusern entdeckten sie Schätze aus der Zeit Mausolos'. Im Kastell St. Peter ist heute ein Museum für Frühgeschichte. Einige Friese des einstigen Mausoleums sind heute noch erhalten, vor allem die Darstellung des Amazonenkampfs des Bildhauers Skopas.

56 solcher Löwen waren rund um das Dach des Mausoleums verteilt, manche fand man bei Ausgrabungen.

Und dieser landete schließlich als Ausstellungsstück im British Museum in London, Großbritannien.

1982 entdeckten Taucher vor der türkischen Küste ein Frachtschiff aus der Bronzezeit. Anhand der Ladung konnten Archäologen erkennen, dass damals schon reger Handel zwischen Ägypten, Kleinasien und anderen Ländern stattfand.

Schon gewusst?

Halikarnassos, das heute Bodrum heißt, war schon seit der Bronzezeit berühmt für seinen Bootsbau. Auch zu Zeiten Mausolos' kamen die besten Transportboote, sogenannte Dickschiffe, aus der Stadt. Im Unterwassermuseum des Kastell St. Peter ist ein Boot ausgestellt, das aus der Zeit 1400 vor Christus stammt. Dieses »Schiff von Uluburun« konnte voll beladen geborgen werden.

Helios und die Insel Rhodos

Angeblich soll der Koloss von Rhodos mit gespreizten Beinen über der Hafeneinfahrt von Rhodos auf der gleichnamigen griechischen Insel in der Ägäis gestanden haben. Er muss so groß gewesen sein, dass mächtige Handelsschiffe unter ihm mühelos durchfahren konnten. In der hochgereckten Hand trug er eine brennende Fackel als Leuchtzeichen für die Seefahrer. War er eine Art Leuchtturm in menschlicher Gestalt? War er ein Wahrzeichen? Auch wenn es keine Abbildungen des Kolosses gibt: Seine Entstehungsgeschichte ist genau dokumentiert.

Feinde und Freunde

Das Volk von Rhodos, die Rhoder, waren schon immer gute Kaufleute. Das Handeln lag ihnen im Blut und selbst wenn sie erobert wurden, beispielsweise durch Mausolos, der sich das Grabmal in Halikarnassos bauen ließ, oder durch Alexander den Großen, fanden sie schnell zum normalen Alltag zurück. Denn auch die Besatzer wollten mit Ware versorgt werden. Mit großem Verhandlungsgeschick gelang es ihnen, Feinde zu Handelspartnern zu machen. Sie machten auch Geschäfte mit den Ägyptern. Nun führte aber im Jahr 305 vor Christus Demetrios, König von Phrygien und Lykien in Kleinasien, einen Krieg gegen den ägyptischen Herrscher Ptolemäus Soter. Dazu

So sieht die Hafeneinfahrt von Rhodos heutzutage aus.

Typisches Erkennungszeichen für den Gott Helios ist der Strahlenkranz auf dem Kopf als Symbol für die Sonne und das Vier-Pferde-Gespann.

brauchte er die Unterstützung aller griechischen Völker. Aber die Rhoder widersetzten sich, sie wollten es sich mit ihrem besten Handelspartner nicht verderben. Ein folgenreicher Entschluss.

Eine böse Belagerung …

Demetrios war nicht begeistert über die Weigerung der Rhoder, am Krieg gegen Ägypten teilzunehmen. Deshalb belagerte er die Stadt und brachte nicht nur eine Menge Soldaten, sondern auch eine schreckliche Kriegswaffe mit: Helepolis, die Städtezertrümmerin. Dieser Belagerungsturm war neun Stockwerke hoch, aus robustem Eichenholz, ausgestattet mit Rammwerk und Katapulten, die ganze Felsbrocken werfen konnten.

… und ein guter Trick

Der Belagerungsturm, der unter unermesslichen Mühen immer weiter vorgeschoben wurde, hatte schließlich ein erhebliches Loch in die Stadtmauer gerissen. Die Soldaten hatten sich eine Pause verdient und man verschob die endgültige Eroberung auf den nächsten Tag. Die Rhoder sahen nur noch einen Ausweg: Sie mussten ihren Beschützer, Gott Helios, anflehen, ihnen beizustehen. Der half mit einem einfachen Trick. Er ließ die Rhoder unmittelbar hinter der Stadtmauer einen tiefen Graben ausheben, den sie gut tarnten. Als die Belagerer am nächsten Tag ihren Turm weiter in die Stadt schieben wollten, sackte dieser einfach zusammen und versperrte den Zugang zur Stadt. Enttäuscht zog Demetrios ab. Die Rhoder aber wollten sich mit einem einmaligen Geschenk bei ihrem Beschützer bedanken und erschufen das Standbild des Helios.

Schon gewusst?

Koloss heißt auf Dorisch, dem griechischen Dialekt, den man damals auf Rhodos sprach, so viel wie Statue. Erst durch den Koloss von Rhodos wurde das Wort gleichbedeutend mit Riese.

Der Sonnengott Helios

Welche Verbindung hatten die Rhoder mit dem Sonnengott Helios? Der Grund war eigentlich eine Schlamperei im Götterrat. Die Welt sollte unter den zwölf griechischen Hauptgöttern aufgeteilt werden. Hermes, der Götterbote, hatte alle zur Sitzung eingeladen, nur leider Helios vergessen, der friedlich mit seinem Pferdegespann am Himmel entlangzog. Als Entschädigung wollte Helios die Insel Rhodos, deren Entstehung er schon beobachten durfte. So wurde Helios aus einem Versehen heraus der Schutzgott von Rhodos.

Rekord

Nur

66 Jahre

wachte der Koloss von Rhodos über den Hafen der Handelsstadt und ist somit das Weltwunder, das am kürzesten bestand.

Der Koloss stand vermutlich nicht über der Hafeneinfahrt – wie in dieser Zeichnung aus dem Jahr 1886, sondern in der Stadt Rhodos.

Angeblich waren 3 400 Männer nötig, um den Belagerungsturm auf Rädern zu bewegen. Im Inneren gab es mehrere Katapulte.

Der Baumeister, der nicht rechnen konnte

Fertigstellung des Kopfes: So ähnlich könnte der Bau am Koloss von Rhodos ausgesehen haben. Er diente als Vorbild für den Bau der Freiheitsstatue in New York.

Mit dem Bau der gigantischen Statue beauftragten die Rhoder den unerfahrenen, aber begabten Bildhauer Chares von Lindon. Sie ließen sich von ihm ein Angebot machen für eine 18 Meter hohe Statue. Als er den Preis abgegeben hatte, fragten sie nach, was es kosten würde, wenn die Statue doppelt so hoch würde. Charon war zwar ein guter Künstler, leider aber kein guter Kaufmann. Er verdoppelte den Preis einfach und vergaß dabei, dass sich nicht nur die Länge der Statue verändern würde, sondern auch noch Breite und Tiefe. Außerdem musste die Statik völlig neu berechnet werden, um den Koloss stabil bauen zu können. Charon, stolz und glücklich, solch ein Bauwerk schaffen zu dürfen, hatte den Vertrag der Rhoder einfach unterschrieben. Doch schon bald war klar, dass allein für die Materialbeschaffung und die Konstruktion alles Geld aufgebraucht war. Schließlich verschlang der Bau des Kolosses die achtfache Summe. Charon ging daran pleite und brachte sich nach zwölf Jahren Bauzeit um.

Materialschlacht

Bis heute scheint unklar, wie man eine über 30 Meter hohe Statue damals hatte bauen können. Es gibt mehrere Theorien. Einer Überlieferung nach wurde zunächst ein Eisengestell angefertigt. Das wurde mit einem Lehmmantel umschlossen, der ungefähr die spätere Form wiedergab. Um das ganze Rohgerüst wurde ein Erdwall angehäuft, der als Arbeitsplattform diente, denn die ganze Gestalt sollte mit Bronzeplatten verkleidet werden. Auf Serpentinen arbeitete man sich von oben nach unten und trug Stück für Stück den Erdwall wieder ab. So ein riesiger Erdwall hätte allerdings Spuren hinterlassen, die man bis heute nicht gefunden hat. Deshalb ist die zweite Theorie überzeugender: Der Koloss wurde nahe des Ortes, an dem er aufgestellt wurde, in einzelnen Stücken gegossen und dann zusammengesetzt. Das Innere des Kolosses wurde mit Steinen aufgefüllt. Nur ein kleiner Schacht für Reparaturarbeiten blieb als Hohlraum frei.

Strahlender Riese, der spurlos verschwand

Beschreibungen nach soll der Koloss nackt auf einem Sockel gestanden haben. Von seinem lockigen Kopf gingen flammenartig sieben Strahlen ab. In der rechten Hand hielt er eine Fackel, in der linken einen Speer. Nur 66 Jahre bewachte er den Hafen von Rhodos, dann fiel er während eines

Rekord

12 Tonnen

Bronze wurden beim Bau des Kolosses verbaut. Als die Araber die Bronzeteile wegschafften, brauchten sie

900 Kamele.

93 Meter hoch

Die Freiheitsstatue trägt wie der Koloss eine siebenstrahlige Krone auf dem Kopf und eine Leuchtfackel in der Hand.

Bau der Freiheitsstatue

Der Bildhauer Bertholdi schuf die Freiheitsstatue von New York. Sie wurde in Einzelteilen angefertigt und von Frankreich nach New York gebracht und war ein Geschenk des französischen Volkes an die Vereinigten Staaten von Amerika.

Allein der Kopf der Freiheitsstatue hat eine Höhe von fast sechs Metern.

Die Freiheitsstatue besteht im Inneren aus einem Stahlgerüst und ist außen von Bronzeplatten ummantelt.

36 Meter hoch

Der Koloss von Rhodos wirkt im Vergleich zur Freiheitsstatue winzig. Zu seiner Zeit machte er aber seinem Namen alle Ehre.

Maarten van Heemskerck schuf um 1500 nach Christus diesen Kupferstich, der den gefallenen und den stehenden Koloss zeigt.

Erdbebens 224 vor Christus zusammen. Einem Orakel zufolge hätte es Unglück gebracht, das Standbild wiederaufzurichten. So blieben die Trümmer liegen, bis 653 nach Christus die Araber die Insel eroberten. Da sie Gott Helios nicht kannten, hatten sie keinen Respekt und rissen die Bronzeverkleidung herunter. Diese nahmen sie dann mit in ihre Heimat Mesopotamien, um sie dort einzuschmelzen.

Wo stand der Koloss?

Lange Zeit ging man davon aus, dass der Koloss mit gespreizten Beinen am Hafen stand. Doch sowohl der Bau als auch die Konstruktion wären viel zu gefährlich gewesen. Auch hätte das Meer die eingestürzten Teile wohl überspült. Jedoch konnten die Trümmer noch ganze 890 Jahre bewundert werden – das weiß man aus Schriften von Zeitzeugen. Man nimmt also an, dass er in einem heiligen Hain in der Stadt aufgestellt wurde.

Warum wird der Koloss häufig falsch abgebildet?

Die Kreuzfahrer haben wohl die Legende in den Westen gebracht, dass am Hafen zu Rhodos ein Koloss mit gespreizten Beinen stehen würde. Als später die ersten Kupferstiche der Weltwunder angefertigt wurden, ging das Bild vom Koloss über der Hafeneinfahrt von Rhodos um die Welt.

Der erste Leuchtturm der Welt

Alexander der Große (356–323 vor Christus) kam bei seinen Eroberungsfeldzügen auch nach Ägypten. Dort ließ er sich zum Pharao krönen und beschloss, eine mächtige Hafenstadt zu gründen: Alexandria. Ganz in der Nähe, wo der Nil in das Mittelmeer mündet. Durch seine strategisch günstige Lage und die vielen Handelsbeziehungen mit anderen Mittelmeerstaaten wurde Alexandria schon bald zur Handelsmetropole. Auch heute noch ist es die größte Hafenstadt Ägyptens.

Alexander und seine Vision

Alexander wollte sein Alexandria, in das er viele griechische Siedler lockte, zum größten kulturellen und wirtschaftlichen Zentrum außerhalb Griechenlands ausbauen. Er

Feuer
Das erste Leuchtfeuer der Schifffahrtsgeschichte wies den Schiffen nachts den Weg.

Hohlspiegel
Der Schein des Feuers wurde über den Spiegel gebündelt und reflektiert.

Bis heute ist er der höchste Leuchtturm der Welt.

An den vier Ecken knieten bronzene Tritonfiguren. Triton war ein griechischer Meeresgott.

Aufbau
Auch architektonisch war der Leuchtturm wegweisend: Die Abfolge viereckig, achteckig, rund gibt es auch heute noch bei vielen Türmen.

Bildnis Alexanders des Großen auf einer antiken Medaille

gründete eine Universität, entwarf Pläne für eine Bibliothek und vor allem für den ersten Leuchtturm der Welt.
Doch erst etwa 23 Jahre nach Alexanders Tod begann der Baumeister Sostratos von Knidos mit dem Bau des Leuchtturms. Beauftragt hatte ihn Ptolemaios. Er war ein ehemaliger General Alexanders und hatte sich selbst zum Statthalter von Ägypten ernannt.

Das jüngste Weltwunder

Eine kleine Insel vor Alexandria mit Namen Pharos bildete eine natürliche Hafenmauer zum offenen Meer hin. Eine künstliche Mauer zwischen Pharos und dem Festland teilte den Hafen in einen östlichen und einen westlichen Teil. In der Hafeneinfahrt des Großen Hafens wurde der Leuchtturm auf einem Riff erbaut.

Eine Meisterleistung der Ingenieurskunst

Auf einer etwa 30 mal 30 Meter großen Granitplattform, die von Skulpturen und einem Säulengang umgeben war, wurde zunächst ein quaderförmiger Unterbau aus Kalksteinen gebaut. Die Fugen wurden mit Blei ausgegossen – das Gebäude wurde so widerstandsfähig und elastisch gegen die Brandung. Ein 30 Meter hoher Oberbau, der achteckig war, brachte die gewünschte Höhe. Die neun Meter hohe Laterna in Form eines Säulenrondells bildete das Herzstück des Leuchtturms. Sie beherbergte das Leuchtfeuer. Über allem thronte eine acht Meter hohe Statue des Meeresgottes Poseidon. In allen Stockwerken waren Fenster angebracht, durch die Licht fiel. Damit glich der Leuchtturm einem modernen Wolkenkratzer. Insgesamt war er 130 Meter hoch.

Antike Optik

Zunächst wurde der Leuchtturm als Tagturm genutzt. Doch schon bald hatte Alexandria einen solchen Zulauf, dass Schiffe auch nachts aus- und einfahren mussten. Nun zahlte sich die aufwendige Innenkonstruktion des siebten Weltwunders aus. Im unteren Teil des Bauwerks führte eine Rampe entlang der Wände nach oben.
Sie war so breit, das zwei Maultiere nebeneinander gehen konnten. In einem Schacht wurden Lasten, vor allem Öl, mit Seilen nach oben in das Säulenrondell gezogen. Dort wurde das Öl in einer riesigen Schale verbrannt; Holz war zu wertvoll und wurde nur im Schiffsbau verwendet. Ein Hohlspiegel lenkte den Schein der lodernden Flamme in Richtung Meer und wies mit verschiedenen Zeichen den Schiffen den Weg. Die Nachtnavigation war erfunden und revolutionierte die gesamte Seefahrt.

Unglaublich!

Das jüngste Weltwunder war mit weißen Marmorplatten ummantelt und war so weithin sichtbar. Allein die Marmorplatten sollen umgerechnet 4,5 Millionen Euro gekostet haben.

Angeberwissen

- Mit über 700 000 Schriftrollen war die Universität von Alexandria die größte des Altertums.
- Das Licht des Leuchtturms soll angeblich 50 Kilometer weit geleuchtet haben.

So stellte man sich den Leuchtturm im 18. Jahrhundert vor.

Auf der Suche nach dem Pharos

Fast 1 000 Jahre war der Leuchtturm von Alexandria, der nach der kleinen Insel Pharos benannt ist, das Wahrzeichen der berühmten Kulturstadt Alexandria. Viele Reiseschriftsteller sahen das Weltwunder mit eigenen Augen und beschrieben es. Auf vielen antiken Münzen ist der Turm abgebildet. Doch bereits um 365 und 769 nach Christus erschütterten Seebeben den Bau stark. Zwei Erdbeben zwischen 1303 und 1323 zerstörten ihn vollständig. Die Trümmer fielen ins Meer. Auf dem Fundament des Leuchtturms wurde 1480 nach Christus die Festung Kait Bey errichtet.

Der Archäologe Hermann Thiersch wurde vor allem durch seine Rekonstruktion des Leuchtturms weltweit bekannt.

Diese antike Münze aus Alexandria zeigt die ägyptische Göttin Isis vor dem Leuchtturm.

Heutige Ansicht des Fort Kait Bey, das den Namen seines Erbauers trägt.

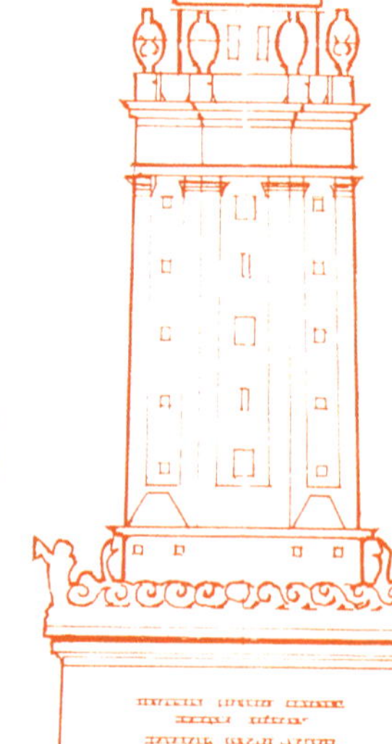

So sieht die berühmte Rekonstruktionszeichnung des Leuchtturms aus, die Hermann Thiersch anfertigte.

Wie sah der Leuchtturm aus?

Der deutsche Archäologe Hermann Thiersch (1874–1939) hat sich genau mit dem Aussehen des Leuchtturms beschäftigt und dazu unzählige Münzen und Originaltexte studiert. Er kam zu der Ansicht, dass der Turm einen völlig anderen Stil hatte als alle Bauwerke seiner Zeit. Tatsächlich ähneln die Rekonstruktionszeichnungen Thierschs eher modernen Wolkenkratzern in New York.

Auge in Auge mit einer Sphinx: Der Unterwasserarchäologe Franck Goddio blickt der Sphinx tief in die Augen.

Taucher aus dem Team um Franck Goddio bergen aus dem Hafen von Alexandria die Sphinx aus Granit, die Cleopatras Vater darstellt.

Unterwasserarchäologie

Der französische Meeresarchäologe Franck Goddio wurde durch spektakuläre Entdeckungen bekannt. Unter anderem erforschte er das Hafenbecken von Alexandria und fand Teile des versunkenen Viertels der königlichen Paläste sowie tonnenschwere Schätze aus der Zeit um Christi Geburt. Von den Überresten des berühmten Leuchtturms fehlt bis jetzt allerdings jede Spur. Forschungen im Wasser sind ein wichtiges Teilgebiet der Archäologie. In Deutschland wird vor allem in der Ostsee nach Schiffswracks gesucht. Aber auch in Süddeutschland am Bodensee wurden spektakuläre Entdeckungen gemacht: die steinzeitlichen Pfahlbauten.
Da im Wasser die Gegenstände lange erhalten bleiben, sind die Fundstücke oft seltene Zeugnisse einer Epoche.

Angeberwissen

- In vielen Sprachen werden Leuchttürme Pharo oder Faro genannt.
- In der ursprünglichen Weltwunderliste des Antipatros von Sidon ist der Leuchtturm gar nicht erwähnt, denn er war noch nicht gebaut. Schon kurz nach seiner Fertigstellung verdrängte er die Mauern von Babylon von der Liste.

Weltwunder heute

Auch heute haben wir noch den Wunsch, Weltwunderlisten aufzustellen. Neben den Listen für höchste, teuerste und größte Bauwerke gibt es noch die Listen des Welterbes. In Frage kommen dafür weltweit Stätten, die außergewöhnlich oder einzigartig sind oder besonderen Denkmalschutz brauchen. Der Begriff »Welterbe« wurde von der internationalen Organisation UNESCO, der 193 Staaten angehören, ins Leben gerufen. Die UNESCO verleiht den Titel »Welterbe«, wenn bestimmte Bedingungen erfüllt sind. Aber auch besondere Landschaften und Kulturleistungen finden Eingang in die Liste.

Deutschlands Denkmäler

Allein in Deutschland gehören 38 Kulturdenkmäler zum Welterbe. Der über 1 300 Jahre alte Aachener Dom war das erste Kulturdenkmal, das aufgenommen wurde. Inzwischen gehören neben Architekturwundern wie der Wieskirche in Bayern oder der Porta Nigra in Trier auch ganze Altstädte dazu, zum Beispiel Regensburg oder Bamberg. Aber auch Denkmäler des Industriezeitalters wie die Völklinger Hütte und die Zeche Zollverein Essen sind durch den Titel geschützt worden.

Die hängenden Gärten der Neuzeit

So wie mit den Hängenden Gärten der Semiramis eine Gartenanlage zum Weltwunder wurde, werden heute immer mehr Parkanlagen zum Welterbe. Der Park zu Muskau an der polnischen Grenze, die Klosterinsel Reichenau im Bodensee oder der Bergpark Wilhelmshöhe in Kassel stehen heute für die jahrhundertealte Gartenkultur und botanisches Wissen.

Zeche Zollverein

Sie war einmal die größte Steinkohlezeche der Welt. Heute ist sie ein Architektur- und Industriedenkmal.

Aachener Dom

Das erste deutsche Kulturdenkmal, das in die Welterbeliste aufgenommen wurde.

Pfahlbauten

Das Moordorf mit den Häusern aus der Steinzeit ist circa 4000 v. Chr. gegründet worden. Heute kann man Reste und Rekonstruktionen in einem Freilichtmuseum in Unteruhldingen am Bodensee bewundern.

Altstadt von Bamberg

Die Altstadt von Bamberg wurde 1993 in das Welterbe aufgenommen. Das Foto zeigt das Alte Rathaus.

Nicht nur Steine

Auch Landschaften, die große geschichtliche, geologische oder kulturelle Bedeutung haben, können zum Welterbe gehören: 2011 wurde das Wattenmeer der Nordsee zum Welterbe, denn seine Tierwelt ist einzigartig. In der Grube Messel bei Darmstadt sind 49 Millionen Jahre alte Fossilien gefunden worden, unter anderem Vorfahren der Krokodile. Diese prähistorische Fundstätte ist weltweit einzigartig. Erstmals sind 2011 auch Waldtypen in die Welterbeliste gekommen: die Buchenwälder Deutschlands. Sie sind nicht nur mit die ältesten Wälder Europas, sondern bieten vielen seltenen Pflanzen und Tieren einen Rückzugsraum.

38 UNESCO-Weltkulturerbestätten

sind heute in Deutschland verzeichnet. Fast jedes Jahr kommt eine neue dazu.

Hamburg
Bremen
Berlin
Köln
Frankfurt
Stuttgart
München

Dresdner Elbtal

Es wurde 2009 aus der Weltkulturerbeliste gestrichen, weil man mit dem Bau einer Brücke gegen die Auflagen verstoßen hatte.

Einmaliger Ärger

Bisher wurde erst einmal einem Welterbe der Status aberkannt und das ausgerechnet in Deutschland. Eine vierspurige Brücke über die Elbe kostete die Kulturlandschaft Elbtal die hohe Auszeichnung. Genau solche Eingriffe in die Natur sollen verhindert werden, wenn Orte auf die Welterbeliste kommen.

Reiseziele

Gereist sind die Menschen schon immer gerne. Auch in der Antike waren die Weltwunder, sofern sie noch intakt waren, Anziehungspunkte für Touristen. Das ist mit den Welterbestätten heute genauso. Deshalb sind viele Städte sehr stolz darauf, wenn sie das »Gütesiegel« Welterbe erhalten.

Weltwunder heute

Kolosseum
Es ist das größte Amphitheater der Antike und wurde um 80 n. Chr. in Rom erbaut. Oft wurde es als achtes Weltwunder bezeichnet.

Machu Picchu
Auf über 2 300 Metern Höhe liegt die sagenhafte Inkastadt in Peru. Sie wurde um 1500 n. Chr. erbaut, aber erst 1911 wiederentdeckt.

Die Zahl Sieben und die Jagd nach Weltwundern haben bis heute ihren Reiz nicht verloren. Im Jahre 2007 wurden nach einer umstrittenen weltweiten Befragung die »New 7 Wonders of the World« bekannt gegeben. Diese Liste ist nicht offiziell anerkannt, aber alle dort genannten »Weltwunder« gehören auch zum Welterbe. 981 Denkmäler in 160 Ländern waren 2013 als Welterbe gelistet.
Man teilt sie in drei Kategorien: Weltkulturerbe, Weltnaturerbe und Kultur- und Naturerbe. Naturreservate gehören genauso dazu wie Städte, zum Beispiel Venedig. Mit der Auszeichnung »Welterbe« stehen die Stätten natürlich unter besonderem Schutz. Die Staaten müssen dafür sorgen, dass die Denkmäler, Städte, Häuser, Kirchen und Landschaften möglichst gut erhalten werden. Besonders wichtig ist dies natürlich bei sehr alten Funden wie den prähistorischen Höhlenzeichnungen von Lascaux in Frankreich oder Bauwerken aus der griechischen und römischen Antike, zum Beispiel dem Amphitheater in Arles. Naturerbe-Stätten sind meistens besondere Landschaften wie Berge, Gletscher oder Wälder. Einige sind auch als Kultur- und Naturerbe bezeichnet, zum Beispiel die Landschaft Laponia im arktischen Norden Schwedens. Es ist eines der letzten Gebiete in Europa, das weitgehend unberührt ist.

Warum ist das Welterbe wichtig?

Aus den Zeugnissen der Vergangenheit lässt sich viel lernen. Wie haben die Menschen gelebt, welche Architektur hatten sie, welche technischen Leistungen haben sie vollbracht? All das hat damit zu tun, wie wir heute leben. Ohne die Entwicklungen der Vergangenheit wären viele Erfindungen heute nicht möglich. Das Welterbe ist also so etwas wie ein Riesenmuseum der Erd- und Menschheitsgeschichte.

Nicht alles kann gerettet werden

Trotz des Schutzes der UNESCO stehen manche Denkmäler auf der Roten Liste. Das heißt, sie sind entweder stark beschädigt oder stark gefährdet. Meist befinden sich die Stätten in Kriegsgebieten oder Ländern mit großer Armut. Aber auch die Klagemauer in Jerusalem gehört dazu – hier streitet man sich seit Jahren, wer für den Erhalt der Altstadt zuständig ist.

Cristo Redentor
Die Statue überragt seit 1931 die Stadt Rio de Janeiro in Brasilien. Mit über 30 Metern Höhe war sie 50 Jahre lang die höchste Christusstatue.

Felsenstadt Petra

Das Schatzhaus in der Felsenstadt Petra im heutigen Jordanien ist vermutlich bereits im 1. Jahrhundert vor Christus entstanden.

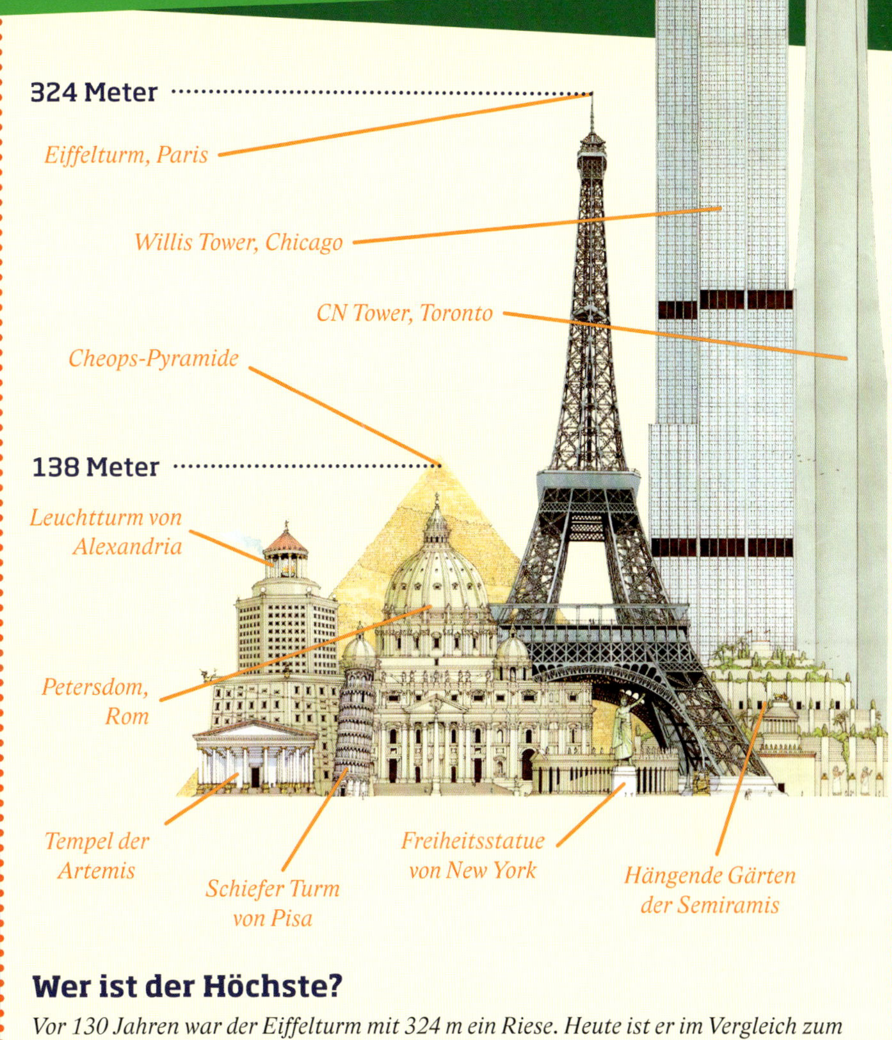

Wer ist der Höchste?

Vor 130 Jahren war der Eiffelturm mit 324 m ein Riese. Heute ist er im Vergleich zum höchsten Gebäude der Welt, dem Burj Khalifa in Dubai mit 830 m, eher ein Zwerg.

Chichen Itza

Die Ruinenstadt in Mexiko gilt als wichtigstes Zeugnis der Mayakultur.

Taj Mahal

Leuchtend weiß erstrahlt das Wahrzeichen Indiens in der Sonne. Das Mausoleum wurde für die Frau des Großmoguls Shah Jordan gebaut.

Chinesische Mauer

Die historische Grenzbefestigung steht in China und ist über 21 000 Kilometer lang. Sie ist durchschnittlich fünf Meter breit und neun Meter hoch.

Glossar

Babylonischer Stein mit Keilschrift und religiösen Symbolen

Ägäis: Ein Nebenmeer des Mittelmeeres.

Ägyptologie: Die Erforschung der ägyptischen Hochkultur zwischen dem 5. Jahrtausend vor und dem 4. Jahrhundert nach Christus.

Amazonen: Legendäres Frauenvolk aus der griechischen Mythologie, das ziemlich kriegerisch gewesen sein soll.

Archäologie: Erforschung der kulturellen Entwicklung der Menschheit. Innerhalb der Archäologie gibt es verschiedene Zweige, die sich auf bestimmte Epochen oder Lebensräume beschränken.

Babylon: Hauptstadt Babyloniens, dem Zweistromland im heutigen Irak zwischen den Flüssen Euphrat und Tigris, und eine der wichtigsten Städte des Altertums. Die Blütezeit war zwischen 1800 vor und 100 nach Christus.

Botanik: Die Lehre vom Erforschen der Pflanzen. Der Beruf ist aus den Heilkundlern entstanden, die sich mit den Wirkweisen von Heilpflanzen auseinandergesetzt haben. Die ersten Schriften dazu stammen von Theophrastus aus dem 3. Jahrhundert vor Christus.

Christianisierung: Die Ausbreitung des Christentums im gesamten Römischen Reich in den ersten vier Jahrhunderten nach Christus.

Dom: Kirchen, die architektonisch und künstlerisch besonders sind, zum Beispiel der Petersdom in Rom, der Mailänder Dom, der Dom zu Speyer.

Elfenbein: Schon in der Steinzeit ein beliebter Werkstoff, aus dem Schmuck oder Werkzeug gefertigt wurden. In der Antike war Elfenbein so begehrt wie Gold und wurde auf beschwerlichen Handelswegen von Afrika und Indien bis ans Mittelmeer gebracht.

Geometrie: Teilgebiet der Mathematik, bei dem Punkte, Linien und Winkel eine Rolle spielen. Sie geht auf den griechischen Gelehrten Euklid zurück, der im 3. Jahrhundert vor Christus ein umfassendes Werk dazu geschrieben hat.

Herodot: Griechischer Geschichtsschreiber und Völkerkundler (490 bis 423 vor Christus). Er gilt als Vater der Geschichtsschreibung, obwohl heute nur noch ein einziges Werk von ihm erhalten ist.

Kastell: Im Römischen Reich eine befestigte Anlage für militärische Zwecke. Aus Kastellen wurden später Burgen.

Keilschrift: Von den Sumerern im 4. Jahrtausend vor Christus entwickelt. Geschrieben wurde auf Stein oder in Ton.

Kleinasien: Teil der heutigen Türkei, der zu Vorderasien zählt. In der Antike waren dort wichtige Handelsplätze und Herrscherhäuser.

Kolosseum: Das größte geschlossene Amphitheater der Antike. Es steht seit über 2 000 Jahren und ist heute das Wahrzeichen der Stadt Rom.

Kreuzfahrer: All jene Ritter, die Richtung Jerusalem zogen, um das Heilige Land zu erobern. Begonnen wurde damit um 1000 nach Christus; 1299 beendete die Schlacht von Akkon die Kreuzzüge im Heiligen Land.

Olivenbaum: Immergrüner Baum, der im Mittelmeerraum wächst. Seine Früchte, die Oliven, waren in der Antike ein wichtiges Nahrungsmittel. Olivenöl war Grundlage der Ernährung, weshalb der Baum auch Ölbaum genannt wird. Olivenzweige wurden den Olympiasiegern um den Kopf gelegt.

Persien: Das historische Perserreich von ca. 500 vor bis 600 nach Christus reichte von Thrakien, einer Balkanprovinz, bis nach Nordindien. Kernland war der heutige Iran.

Pharao: Mit diesem Wort bezeichneten die Ägypter ursprünglich den Palast des Königs. Erst später wurde der Begriff für die Person des Königs verwendet.

Pythagoras: Griechischer Philosoph, der den Satz des Pythagoras prägte: $a^2 + b^2 = c^2$. Den muss jeder Schüler bis heute auswendig können.

Renaissance: Was übersetzt so viel wie Wiedergeburt heißt, war die Kulturepoche zwischen dem 15. und 16. Jahrhundert , in der die Philosophie und Architektur der Antike wiederentdeckt und der Mensch in den Mittelpunkt allen Denkens gestellt wurde.

Sarkophag: Im alten Ägypten Bezeichnung für einen Steinsarg.

UNESCO: Organisation der Vereinten Nationen für Erziehung, Wissenschaft und Kultur. Im Englischen: United Nations Educational, Scientific and Cultural Organization.

Zweistromland: Das Land zwischen den Flüssen Euphrat und Tigris. Dieses fruchtbare Schwemmland, das auch Mesopotamien genannt wird, war bereits im 11. Jahrtausend vor Christus besiedelt und brachte Hochkulturen wie die Sumerer hervor.

Band 81

Bildquellennachweis: akg-images: 32mr (IAM), 34ul (E. Lessing), 37um (North Wind Picture Archive), 37ur (P. Connolly), **Boeri Studio (Stefano Boeri, Gianandrea Barreca, Giovanni La Varra):** 20or, **Bridgeman Art Library / Look and Learn:** 2mr, 3or, 21r, 27r, 28o, 33l, **Bridgeman Art Library / The Stapleton Collection:** 35ml, **Caro Fotoagentur:** 20um (B. Geilert), **Corbis:** 1 (GraphicaArtis), 4mr (Ocean), 4ul (T. Lang), 5m (A. Christie's Images), 11o (Ocean), 14ol (S. Vannini), 15or (Swim Ink 2, LLC), 23om (P. Aprahamian), 23or (A. Lanting), 26ml (Stefano Bianchetti), 26ml (Ruggero Vanni), 26ur (National Geographic Society), 35ul (M. Kemp/In Pictures), 34ml (H. G. Roth), 36ul (B. Morandi), 37ol (A. Luca), 39om (Bettmann), 43mr (Reuters), **Fotolia:** 4m (A. Balazh), **Getty:** 7or (T. Graham), 7ur (Garret48), 16or (D. Kindersley), 17ml (De Agostini), 21om (Culture Club/Kontributor), 26or (Hulton Archive), 30ml (UIG), 39m (T. Clary/AFP), **Goddio, F.:** 43o, **InnoGames GmbH (www.innogames.com) / Spiel "Grepolis":** 8ml, 8or, 8ur, 9ml, 9om, 9um, 9ul, **Interfoto:** 10ml (imagebroker/BAO), **iStock:** 29mr (H. Harmanda lı), **Klaucke, P.:** 16ol, 38or, **Kliemt, F.:** 6 (x7), 13ur, 39um, **Picture Alliance:** 3ml, (akg), 7mr (akg), 10ol (akg), 12ml (E. Lessing), 13om (Dt Archäologisches Inst Kairo), 14ul (Robert Harding World Imagery), 16ul (A. Held/akg), 18um (www.bildagentur-online.com), 18mr (Prismaarchivo), 19or (Bildarchiv Hansmann), 20mr (M. Cristofori), 23ul (dieKLEINERT.de/H. Weiss), 24or (Rabatti - Domingie), 25or (akg), 26ul (United_Archives/TopFoto), 28ul (L. Ricciarini/Leemage), 29or, 30ur (akg), 31ul (H. Lohmeyer / JOKER), 34ol (W. Forman), 35 (Hg. - B. Furlan/WaterFrame), 36r (akg), 39or (akg), 41ol (akg), 41ur (akg), 42ml (E. Lessing), 42m (UnitedArchives/TopFoto), 44mr (T. Kleinschmidt), 45mr (S. Kahnert), **Shutterstock:** 2ml, (Sculpies), 3om (Valery Shanin), 3ul (J. Hackemann), 5o (lexan), 5mr (J. Schultes), 6HG (IndianSummer), 7 (Leuchter - Evikka), 8ol (Nomad_Soul), 8ul (Pecold), 8uml (Dan Breckwoldt), 9ol (Valery Shanin) 9 omr (leoks), 9or (S-F), 9umr (Viacheslav Lopatin), 9ur (L. Mortula), 11mr (Haris vythoulkas), 11ur (JM Travel Photography), 12 (Hg. - sculpies), 17ol (Dr Ajay Kumar Singh), 22 (Hg. - jorisvo), 25ml (Voropaev Vasiliy), 25ur (mary416), 29ur (OPIS Zagreb), 31o (E. Kalinbacak), 32ul (Dimos), 33ul (ArrowStudio), 35or (dimos), 34um (R. Sigaev), 39ul (dibrova), 42ul (krechet), 44or (rayjunk), 44m (M. Pieraccini), 44um (R. Sigaev), 45ol (E. Rabenstein), 45ml (AridOcean), 46or (I. Kalinin), 46mr (D. Breckwoldt), 46ur (ostill), 47ol (R. Sigaev), 47ml (holbox), 47ul (J. Hackemann), 47ur (H. Chih), 48o (Kamira), **Smirnov, N.:** 17u, **Sol90Images:** 18/19 (Hg.), 24u, 40, **Thinkstock:** 8umr (Istock/Denys Kornylov) 10u (J. Sedmak), 13o (Istock/Jonathan Larsen)15ur (pius99), 25ul (slava296), 27ul (Taalvi), **Thinkstock / D. Kindersley:** 14m, 20mr, 20ur, 21ul, 30ol, 47or, **Wikipedia:** 15ol, 32or, (AgnosticPreachersKid), 42or

Vorsatz: Shutterstock (VikaSuh) ol, Shutterstock (Smit) ur

Umschlagfotos: U1: F1online (FB Fischer Imagebroker), Thinkstock (Himmel - Just2shutter),U4: Picture Alliance/Mary Evans Picture Library

Gestaltung: independent Medien-Design

Burgschmietstraße 2–4, 90419 Nürnberg

www.tessloff.com

ISBN 978-3-7886-2054-7

Der Mensch

Energie

Chemie

Entdecker
und ihre Reisen

Die Sterne

Das Wetter

Das Mikroskop

Der Mond
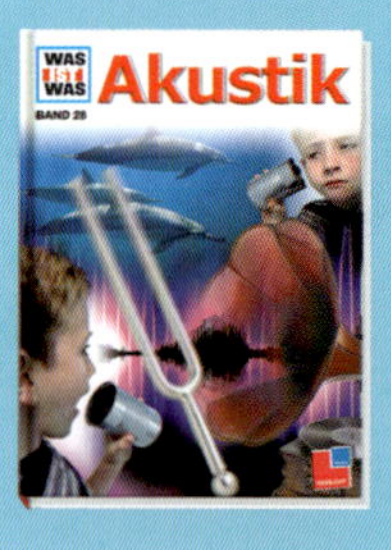
Akustik
BAND 28

Wissenschaften
BAND 29

Insekten

Bäume

Meereskunde

Pilze
BAND 33
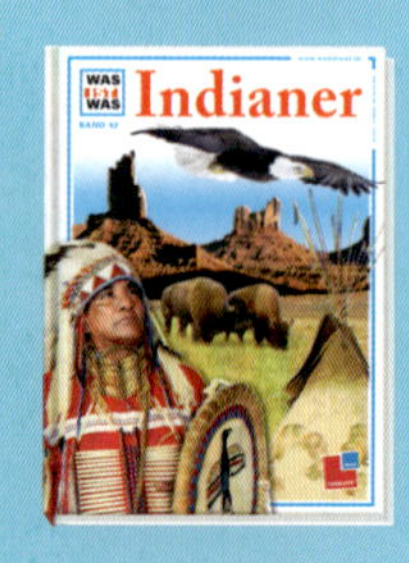
Indianer

Schmetterlinge
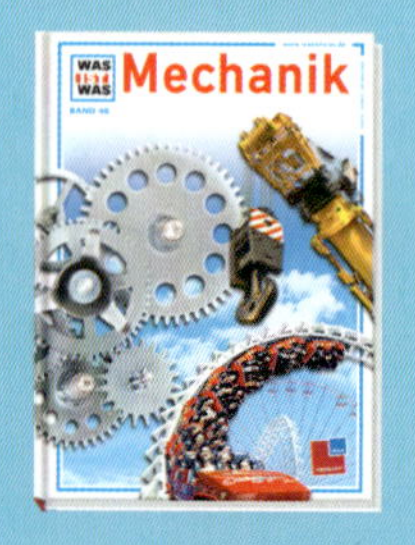
Mechanik
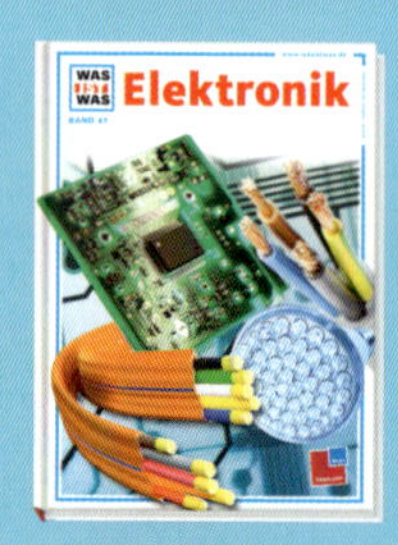
Elektronik

Luft und Wasser

Das Auto

Die Eisenbahn

Die alten
Griechen

Eiszeiten
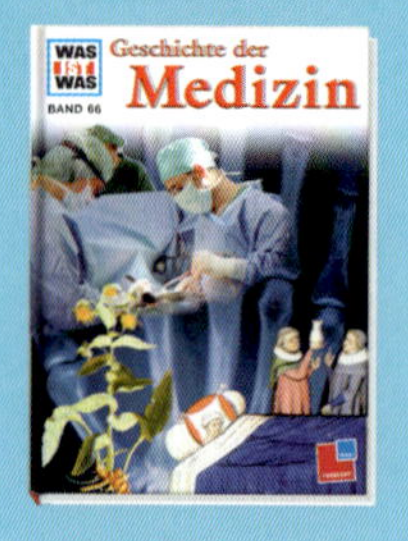
Geschichte der
Medizin
BAND 66

Natur
erforschen und schützen

Fossilien

Heimtiere
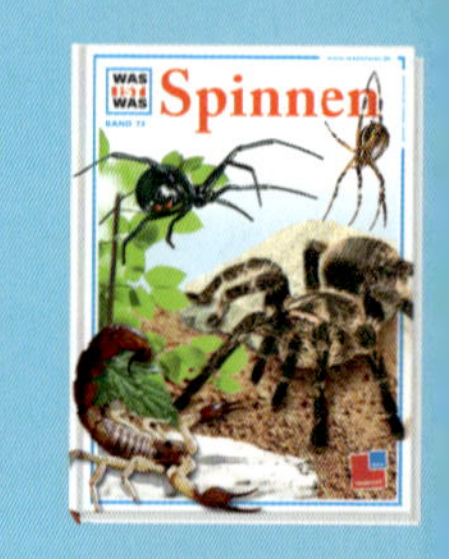
Spinnen

Höhlen

Mumien

Ritter

Der Regenwald

Schatzsuche

Zauberer,
Hexen und
Magie

Kriminalistik
POLIZEI

Europa

Bären

Bauernhof
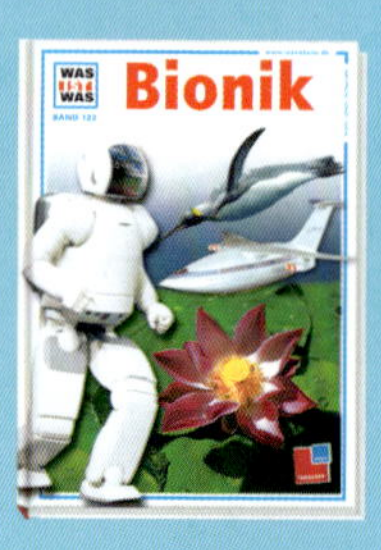
Bionik
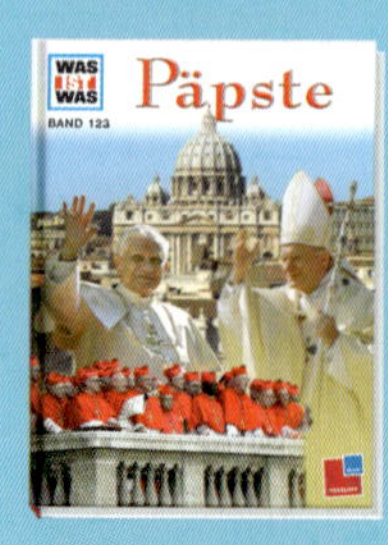
Päpste
BAND 123

Bergbau
Schätze der Erde

Klima